AF390424

الرُّضَابُ

المَعْسُول

في سِيرَةِ الرَّسُولِ

صَلَّي اللهُ عَلَيْهِ وَسلَّمَ

(المستوى الأول)

بطاقة الكتاب

اسم الكتاب: الرُّضَابُ المَغْسُولِ في سِيرَةِ الرَّسُولِ صَلَّى اللَّه عَلَيْهِ وَسَــلَّمَ – المستوى الأول (ســؤال وجــواب للنشء والكبار)

المؤلف: الشيخ بهجت أحمد علي

التنسيق والإخراج الفني: سليل الفراعنة

تصميم الغلاف: إسلام عادل

المقاس: 21×14.8 (a5)

الطبعة الأولى: 2024

رقم الإيداع: 4307 /2023

(ISBN): 9782737928482

الناشر: دار صيد الخاطر للنشر والتوزيع

المدير العام: أحمد فؤاد

للتواصل: 0109 076 7919

العنوان: ميدان الساحة – الدقي – الجيزة

الرُّضَابُ المَعْسُولِ في سِيرَةِ الرَّسُولِ

صَلَّى اللهُ عَلَيْهِ وَسَلَّمَ

(المستوى الأول)

سؤال وجواب
للنشء والكبار

جمعه راجي عفو ربه العلي
بهجت بن أحمد بن علي
عفا الله عنه

صيد الخواطر
للنشر والتوزيع

مقدمة

الحمدُ لله وكفى، وسلامًا على عباده الذين اصطفى، لا سيَّما عبده المُصطفى وآله المُستكملين الشرفا.

أمَّا بعدُ: فإنَّ السِّيرة النَّبوية هي مِنْ أشرفِ العُلُوم وأكرمِهَا. بِهَا يَعرف المُسْلم أحوالَ دِينِهِ، وحَياة نبيِهِ ﷺ، وما أكرمَهُ لله بِهِ مِنُ النُّبوة والوحي، وبِهَا يَعرف أحوالَ دعوته ﷺ، وصَبره، وجهاده، ونصرَ لله له، وبِهَا يَعْرفُ أخْلَاق نَبيه ﷺ، وشَمَائله، وفضائله، وسَائر أحوَاله؛ فيزدادَ محبةً واتِّباعًا لِهَذا النَّبي الكَريم ﷺ. لأن من دَرَسَ سِيرَته العَطرة عَرَفَهُ، ومَنْ عَرَفَهُ أحبَّهُ، ومَنْ أَحبَّهُ أطَاعَهُ، ومَنْ أطَاعَهُ اهْتَدَى، وأفْلَحَ في الدُّنيا والآخِرَةِ.

فَالسِّيرة النَّبوية إذًا مَنهج حَياة المُفْلِحِين، وهي الأُسْوَةُ لِمَنْ أرَادَهَا، وهي القُدوة الحسَنَة لِمَنْ بَحَثَ عَنهَا؛ لأنَّها التَّرْجَمَةُ العَمَلِيَّةُ للْقُرْآنِ الكَريم.

ولقدِ اعتَني السَّلَف الصَّالِح بِسيرة الرَّسُول الكَريم ﷺ عناية فَائقَةً، وحَرصُوا على تَعلِيمِهَا وتَلْقِينها لأبنائهم كحِرصِهِمْ على تَعليمهم القُرآن. يقُول إسمَاعِيل بن محمد بن سَعد بن أبي وقَّاص ⬛:كان أبي يعلمنَا المَغازي والسَّرَايَا ويقُولُ: "يَا بُنَي إنها شرف آبائكم فلا تضيعُوا ذكرَهَا". ويقُولُ زَينُ العَابِدينَ الحسين بنُ علي" ⬛ : كنَّا نُعَلَّم مَغازي رسُول ﷺ كمَا نُعَلَّم السُّور مِنَ القُرآن. "وهذا مَا نُريده لأجيالنَا اليوم، وغدًا، وبعد

غَدٍ حتى يَرِثَ لله الأرضَ ومن عَلَيهَا، أن نَتَعَلَّمَ ونَعْلُّمَ سِيرَةَ الحَبِيبِ المُصْطَفى ﷺ للاقتداء والتَّأَسِّي، وللتَّطبيقِ العَمَلِي. فكَمْ في سِيرَتِهِ ﷺ من الدُّروس والعِبر، وكَمْ فِيهَا مِنَ القِيَمِ والمُثُلِ. فسيرته ﷺ وحياته العَامة والخَاصة مَمْلُوءة بِمَا يجب أَنْ يَتَعَلمه المُسْلِمُون إن أَرَادُوا حُلولا لِمَا يُعَانُونَ مِنه مِن مَشَاكل في شَتَّى مَجَالاتِ الحَيَاة، وإِنْ أَرَادُوا لأنفُسِهِم عِزَّة ورِفْعَة بَيْنَ أُمَمِ الأرض. وَإِنْ أَرَادُوا.... وإِنْ أَرَادُوا....فهَذِهِ سِيرته ﷺ كِتَابٌ مَفْتُوح، وَدُرُوس، وعِبر، وعِظَات. فِيهَا تَزْكِيَة لِلنَّفْسِ، وتَربِيَة للرُّوح، ودَعوة إلى خَيرى الدُّنيا والآخِرة. فهَلْ مِنْ مُشَمِّرٍ...؟

وهذا هو الجزء الأول من كتاب الرضاب المعسول في سيرة الرسول ﷺ سؤال وجواب من الميلاد وحتى البعثة، جمعته من بطون كتب السيرة القديمة والحَدِيثة. اللَّهَ أسأل أن ينفعَ به كاتبه وقَارئه ونَاشِرة، وأن يجعله خَالصًا لوجهِهِ الكريم، إنَّه بكل جميل كفِيل وإنه حسبُنَا ونعم الوكِيل.

❈ ❈ ❈

صفاته الخِلقية ﷺ

س1/ اذكر صفات النبي ﷺ الجسدية الجسمانية؟

حُسْن خَلْقِه ـ صلى الله عليه وسلم ـ:

في حديث البراء ـ رضي الله عنه ـ "كان أحسن الناس وجهاً وأحسنه خَلْقاً" رواه البخاري (3549) ومسلم (2337) وفي رواية "لم أر شيئًا قط أحسن منه" رواه البخاري (3551) ومسلم (2337). وفي حديث أنس ـ رضي الله عنه ـ "لم أر بعده ولا قبله مثله" رواه البخاري (5907) وفي حديث أبي الطفيل ـ رضي الله عنه ـ "كان مليحًا" رواه مسلم (2340).

اعتدال طول النبي ـ صلى الله عليه وسلم ـ:

كان متوسط القامة ليس بالطويل ولا بالقصير بل أنه وسط، فكان أقصر من المشذب وأطول من المربوع، ففي حديث البراء ـ رضي الله عنه ـ "ليس بالطويل البائن ولا بالقصير" رواه البخاري (3549) ومسلم (2337) وفي حديث أنس ـ رضي الله عنه ـ "كان رَبْعَة من القوم ليس بالطويل ولا بالقصير" رواه البخاري (3547) وفي رواية للبخاري (3551) ومسلم (2337) "كان مربوعًا" وفي حديث أبي الطفيل ـ رضي الله عنه ـ "كان مُقَصَّدًا" رواه مسلم (2340).

لون النبي ـ صلى الله عليه وسلم ـ:

كان أزهر اللون ووجه دائم التورد وليس بالأسمر ولا بالأبيض الأمهق:

١- في حديث أنس بن مالك " أَزْهَرَ اللون ليس بأبيض أَمْهَق ولا آدَم " رواه البخاري (3547) وروى مسلم (2330) أوله. وفي حديث أبي الطفيل ١- " كان أبيض " رواه مسلم (2340).

وجه النبي - صلى الله عليه وسلم:- كان وجه مستديرًا ومشرقًا كإشراق البدر.

١- في حديث البراء " كان أحسن الناس وجهًا " رواه البخاري (3549) ومسلم (2337) وفي حديث أنس ١- " حسن الوجه " رواه البخاري (5907) وسئل البراء ١- أكان وجه النبي - ﷺ - مثل السيف؟ قال: " لا بل مثل القمر " رواه البخاري (3552) وفي حديث جابر بن سمرة ١- قال رجل وجهه مثل السيف؟ قال: " لا بل كان مثل الشمس والقمر وكان مستديرًا " رواه مسلم (2344).

فم النبي - صلى الله عليه وسلم - وعيناه:

كان رسول الله ﷺ واسع الفم في بياض عينه حمرة. عن سِمَاك بن حرب قال سمعت جابر بن سمرة ١- قال كان رسول الله - ﷺ - ضَلِيع الفم أشْكَل العين " رواه مسلم (2339). قيل لسماك ما ضليع الفم قال عظيم الفم قيل ما أشكل العين قال طويل شق العين.

شعر النبي - صلى الله عليه وسلم:-

شعره كان أسودًا وكثيفًا، ليس ناعمًا ولا حاد الجعودة بل كان وسطًا.

I – في حديث أنس بن مالك "ليس بِجَعْد قَطَط ولا سَبْط رَجِل" رواه البخاري (3547) ومسلم (2338). جعودة الشعر أن لا يتكسر ولا يسترسل. والقطط: شديد الجعودة. وسبوطة الشعر: استرساله. ورَجِل الشعر: مسرح الشعر. فشعره بين الجعودة والسبوطة.

لون شعره وشيبه - صلى الله عليه وسلم:

I – في حديث جابر بن سمرة "كان قد شَمِط مقدم رأسه ولحيته وكان إذا ادهن لم يتبين وإذا شعث رأسه تبين وكان كثير شعر اللحية" رواه مسلم (2344) ومخالطة الشعر الأبيض السواد "إنما كان البياض في عنفقته وفي الصُّدْغَين وفي الرأس نَبْذ" في حديث أنس بن مالك **I –** رواه مسلم (2341).

وفي حديث عبد الله بن بسر **I –** "كان في عَنْفَقَتِه شعرات بيض" رواه البخاري (3546).

فالغالب أنَّ النبي ﷺ لا يغير الشيب لأنَّه قليل وربما صبغ أحياناً فعن عبدالله بن عمر **L –** قال:... وَأَمَّا الصُّفْرَةُ فَإِنِّي رَأَيْتُ رَسُولَ اللَّهِ ﷺ يَصْبُغُ بِهَا فَأَنَا أُحِبُّ أَنْ أَصْبُغَ بِهَا..." رواه البخاري (5851) ومسلم (1187).

وعن عبد الله بن مَوْهَب قال دخلت على أم سلمة **J –** فأخرجت إلينا شعرًا من شعر النبي ﷺ مَخْضُوبًا" رواه البخاري (5897) وفي رواية له (5898) "أَحْمَرَ".

مقدار شعر النبي - صلى الله عليه وسلم:

تارة يكون شعره إلى الأذنين ويسمى وَفْرَة وتارة ينزل لكن لا يصل المنكبين ويسمى لَمِّة وتار يكون على منكبيه ويسمى جُمَّة فعن عائشة -J- قالت: "كَانَ شَعْرُ رَسُولِ اللَّهِ ﷺ - فَوْقَ الْوَفْرَةِ وَدُونَ الْجُمَّةِ" رواه أحمد (24227) وأبو داود (4781) والترمذي (1755) -وقال حسن صحيح غريب - وابن ماجه (3635). ورواته ثقات.

وعن أنس بن مالك -I- قال: "كَانَ شَعْرُ رَسُولِ اللَّهِ ﷺ - رَجُلًا لَيْسَ بِالسَّبِطِ وَلَا الْجَعْدِ بَيْنَ أُذُنَيْهِ وَعَاتِقِهِ" رواه البخاري (5905) ومسلم (2338). وعنه -I- "أَنَّ النَّبِيَّ ﷺ - كَانَ يَضْرِبُ شَعْرُهُ مَنْكِبَيْهِ" رواه البخاري (5903) ومسلم (2338).

وعن البراء بن عازب -I- قال: "كَانَ رَسُولُ اللَّهِ ﷺ - عَظِيمَ الْجُمَّةِ" رواه البخاري (5901) ومسلم (2337).

فرق النبي - صلى الله عليه وسلم - شعره وسدله:

فرق النبي ﷺ - شعره ثم سدله إلى الأمام والخلف والذي استقر عليه في الآخر الفرق فعن ابن عباس -L- قال: "كَانَ أَهْلُ الْكِتَابِ يَسْدُلُونَ أَشْعَارَهُمْ وَكَانَ الْمُشْرِكُونَ يَفْرُقُونَ رُءُوسَهُمْ وَكَانَ رَسُولُ اللَّهِ ﷺ - يُحِبُّ مُوَافَقَةَ أَهْلِ الْكِتَابِ فِيمَا لَمْ يُؤْمَرْ بِهِ فَسَدَلَ رَسُولُ اللَّهِ ﷺ - نَاصِيَتَهُ ثُمَّ فَرَقَ بَعْدُ" رواه البخاري (3558) ومسلم (2336). لكنه لم يصح عنه ﷺ - أنّه ترك شعر رأسه يطول حتى يجعله غدائر.

منكبا النبي ﷺ - وكفاه وقدماه:

-كان ضخم القدمين واليدين، بعيد ما بين المنكبين، وكان يسير على الأرض وكأن لا يوجد له أخمص.

١- في حديث البراء - " بعيد ما بين المنكبين " رواه البخاري (3551) ومسلم (2337) وفي حديث أنس -١- كان " ضخم اليدين والقدمين بسط الكفين " رواه البخاري (5907) وفي حديث سماك بن حرب عن جابر بن سمرة -١- قال كان مَنْهُوس العَقِبين قيل لسماك ما منهوس العقب قال قليل لحم العقب " رواه مسلم (2339) وفي حديث أنس -١- " ولا مسست دِيبَاجة ولا حريرة ألين من كف رسول الله – ﷺ – " رواه مسلم (2330).

طيب رائحة النبي ـ صلى الله عليه وسلم ـ:

أطيب من الطيب. في حديث أبي جحيفة -١- "فأخذت بيده فوضعتها على وجهي فإذا هي أبرد من الثلج وأطيب رائحة من المسك " رواه البخاري (3553) وفي حديث أنس -١- "كأن عرقه اللؤلؤ ... ولا شممت مِسْكة ولا عَنْبَرة أطيب من رائحة رسول الله – ﷺ – " رواه مسلم (2330).

خاتم النبوة:

بضعة ناشزة من جسد النبي – ﷺ – لونه يشبه جسده وقدره ما بين بيضة الحمامة وجُمْع اليد بين كتفي النبي – ﷺ – فيه شعرات يميل إلى الجهة اليسرى وما حوله نأتي يميل إلى السواد.

فعن السائب بن يزيد -- I- قال:" نَظَرْتُ إِلَى خَاتَمِهِ بَيْنَ كَتِفَيْهِ مِثْلَ زِرِّ الْحَجَلَةِ "رواه البخاري (6352) ومسلم (2345). والحجل طائر على قدر الحمام قال الترمذي (3643): الزِّرُّ يقال بيضٌ لها.

وعن جابر بن سمرة -I- قال "رَأَيْتُ خَاتَمًا في ظَهْرِ رَسُولِ اللَّهِ – ﷺ - كَأَنَّهُ بَيْضَةُ حَمَامٍ "وفي رواية "رَأَيْتُ الْخَاتَمَ عِنْدَ كَتِفِهِ مِثْلَ بَيْضَةِ الْحَمَامَةِ يُشْبِهُ جَسَدَهُ" رواه مسلم (2344).

وعن عبدالله بن سَرْجِسَ قال" نَظَرْتُ إِلَى خَاتَمِ النُّبُوَّةِ بَيْنَ كَتِفَيْهِ عِنْدَ نَاغِضِ كَتِفِهِ الْيُسْرَى جُمْعًا عَلَيْهِ خِيلَانٌ كَأَمْثَالِ الثَّآلِيلِ " رواه مسلم (2346).

وفي حديث عمرو بن أخطب –I- "شَعَرَاتٌ مُجْتَمِعَاتٌ" رواه الترمذي في الشمائل (20) ورواته ثقات.

قال الحافظ ابن حجر في فتح الباري (563/6) ما ورد من أنَّها كانت كأثر محجم أو كالشامة السوداء أو الخضراء أو مكتوب عليها محمد رسول الله أو سر فأنت المنصور أو نحو ذلك فلم يثبت منها شيء.

-عنقه كان طويلًا وصافيًا وطويل الأصابع والذراعين وكان الإبطين بيضاء اللون.

-كان الرسول ﷺ ضخم البطن وعاري الصدر والبطن أيضًا وكان ضخم المفاصل. كانت خدوده مسنونة وصوته بها بحة وحاجبيه متصلتين ومقوسين

بشكل خفيف. رموشه طويلة وكثيفة ويظهر كأن عينيه كاحلتين. أنفه من الوسط مرتفعة وكانت مستقيمة.

صفاته الخُلُقية ﷺ

س2/ اذكر بعض صِفَات النبى H الخُلُقية؟

لَقَد كان رَسُولُ اللَّه ﷺ ذَا خُلُقٍ جَميلٍ، وسَمتٍ حَسَنٍ، وكَفاهُ عَن كل مَدح مدح خَالِقِهِ: (وَإِنَّكَ لَعَلى خُلُقٍ عَظِيمٍ)، فكانَتْ أَخلاقُهُ تأسِرُ القُلُوب، وتَفتِن الألْباب، فَما رَآهُ أَحَدٌ إلا أَحَبَّهُ وأَعْجَبَ به.

شجاعته: كان رسُولُ اللَّه ﷺ أشجع النَّاس. قال علي بن أبي طَالب I: (كُنَّا إِذَا احمَرَّ البَأْسُ، وَلَقِيَ القَوْمُ القَوْمَ، اتَّقَينَا بِرَسُولِ اللَّه ﷺ، فَما يَكُونُ أَحَدٌ أَقْرَبَ إِلَى العَدُوِّ مِنْهُ).

سخائه وحيائه: كانَ أَسْخَى النَّاس، مَا سُئِلَ شَيئًا قَطُّ، فقَالَ: لا.

كان أجود النَّاس، إلا أَنَّ أوج سَخَائِهِ كَان يَظهَر في رَمَضَانَ إِذَا لَقِيَهُ جبريل، قَالَ أَنَسٌ I: «كَانَ رَسُولُ اللَّه ﷺ مِنْ أَجْمَل النَّاسِ، وأَجْوَدِ النَّاسِ، وأَشْجَع النَّاسِ» وكَانَ أَشَدَّ حَيَاءً مِنْ العَذْرَاءِ في خِدْرِهَا، لا يثبت بَصره في وجه أَحَد، وكَانَ لَا يَنْتَقِمُ لِنَفْسِه، ولا يَغْضَبُ لها، إِلَّا أَنْ تُنْتَهَكَ حُرُمَاتُ اللَّه، فَيكون للَّه يَنْتَقِم. وإذَا غَضِبَ للَّه لَمْ يَقُمْ لِغَضَبِهِ أَحَد، والقَرِيبُ والبَعِيدُ والقَوِيُّ والضَّعِيفُ عِنْدَه في الحَقِّ وَاحِد.

ذكاؤه: فَاللَّه C زكى بَصَرَهُ وزكَّى قَلْبَهُ وزكَّى لِسَانَهُ وزكى خُلُقَهُ، زكى اللَّه لِسَانَهُ فَقَالَ: {وَمَا يَنْطِقُ عَنِ الْهَوَى} [النجم:3]، وزكى اللَّه قَلْبَهُ فقَالَ: {مَا

كَذَبَ الْفُؤَادُ مَا رَأَى} [النجم:11]، وزكى اللَّه بصرهُ فقَالَ: {مَا زَاغَ الْبَصَرُ وَمَا طَغَى} [النجم:17]، وزكى اللَّه خُلُقَهُ فقَالَ: {وَإِنَّكَ لَعَلَى خُلُقٍ عَظِيمٍ}[القلم:4] قَالَ ابْنُ عَبَّاسٍ L: مَا خَلَقَ اللَّهُ - تَعَالَى -، وَمَا ذَرَأَ، وَمَا بَرَأَ نَفْسًا أَكْرَمَ عَلَيْهِ مِنْ مُحَمَّدٍ ﷺ، وَمَا سَمِعْتُ اللَّهَ - تَعَالَى - أَقْسَمَ بِحَيَاةِ أَحَدٍ غَيْرِهِ.

تواضعه: مَا عَابَ طَعَامًا قَطُّ، إِنِ اشتَهَاه أكلهُ، وإِن لَم يشتهه تَرَكَهُ، ولا يأكل على خِوَانٍ. قَال أنس I كَمَا في الصَّحِيح: «مَا عَلِمْتُ النَّبِيَّ ﷺ أَكَلَ عَلَى سُكُرُّجَةٍ قَطُّ، وَلاَ خُبِزَ لَهُ مُرَقَّقٌ قَطُّ، وَلاَ أَكَلَ عَلَى خِوَانٍ قَطُّ». ولا يمتَنع من مُبَاح، إن وجَد تمَرًا أكله، وإن وجد خبزًا أكله، وإن وجد شواءً أكله. وهذا يَدل على عَدَم التَّكلف، فقد كان لا يَرد مَوجُودًا، ولا يطلب مَفقُودًا. إن وجد خُبز بر أو شَعِير أكله، وإن وجد لبن اكتفى بِه، أكل البِطيخَ بالرُّطب، وقال ﷺ: (نكسِرُ حَرَّ هَذَا بِبَرْدِ هَذَا وَبَرْدَ هَذَا بِحَرِّ هَذَا).(حسنه الألبانى في سنن أبى داود: 3836) وكان يحب الحَلواء والعَسَل. ولا يتأنق في مَأكل ولا مَلبَس، يأكُل مَا وَجَد، ويَلبَس مَا وَجَدَ. وكان يَخصِف النَّعل، ويرقع الثَوب، ويخدم في مِهنة أهله، ويعُود المَرضى، وكان أشد النَّاس تَوَاضعًا، يجيب من دعَاه مِن غني أو فَقير أو دَنيء أو شَريف لا يُفرق. وكان يحب المَسَاكين، ويشهَد جنائزهم، ويعُود مَرضَاهم، لا يحتقر فَقيرًا لِفَقره، ولا يهَاب مَلِكًا لِمُلكه، وكان يَركَب الفَرس والبَعير والحِمَار والبَغلة، ويُردِف خَلفه عبده أو غيره، لا يَدع أحَدًا يَمشي خَلفه، ويقُول (خَلُّوا ظَهْرِي لِلْمَلاَئِكَةِ)، ويلبَس

الصُّوف وينتَعل المَخصُوف، وكان أَحَب اللبَاس إليه الحِبرة] الحِبرة الثِّياب المُعلمة ذَات الخُطُوط وهي من بُرود اليمن فيهَا حمرة وبيَاض[.

زهده: قال أبو هريرة I: (خرج رَسُول الله ﷺ مِنَ الدُّنيَا وَلَمْ يَشْبَعْ مِنْ خُبْزِ الشَّعيرِ)، وكان يأتي على آل محمد الشَّهر والشَّهرَان لا يُوقد في بيت من بُيُوته نَار، وكان قوتهم التَّمر والمَاء. يَأكل الهدية ولا يأكل الصَّدقة. هو وآل بيته لا يَأكلون الصَّدقة، وكان إذَا أَخَذَ هدية يكَافئ عليهَا، وأَغلب أَحوَاله أَن يَرد الهدية بِأكثر منهَا.

خَاتمه فضة، فَصه منه، يَلبسه في خنصره الأَيمَن، وربمَا لبسه في الأيسر، وكان يعصب على بَطنِه الحَجَر مِنَ الجُوع، وقدْ آتاه الله مَفَاتِيح خَزَائن الأرض كلها فَأبى أَن يَأخذهَا واختَار الآخرة عَلَيهَا.

وكان يكثر الذكر، ويقل اللَّغو، ويطِيل الصَّلاة، ويقصر الخُطبة، أكثر النَّاس تَبَسمًا، وأحسنُهُم بِشرًا، مع أنَّه كان مُتوَاصل الأحزان دَائم الفِكر، وكان يحب الطِّيب، ويَكره الرِّيح الكريهة، يَستألف أهل الشَّرف، ويُكرم أهل الفَضل، ولا يَطوي بِشره عَن أَحد، ولا يجفُو عَليه.

يَرَى اللعب المُبَاح فَلا يُنكره، يَمزح ولا يقُول إلا حقًا، ويقبَلُ مَعذرة المُعتذر إليه. له عبيد وإمَاء، لا يرتفع عليهم في مَأكل ولا مَلبس، ولا يَمضي له وقت في غير عمل للَّه أو فِيمَا لابد له ولأهله مِنه، رَعَى الغنم، وقَال: (مَا مِن نبي إلا وقد رعاه).

وسُئلت عَائشة J عن خُلق رسول الله ﷺ فقالَتْ: كَانَ خُلقُهُ الْقُرْآنَ: يَرْضَى لِرِضَاهُ، وَيَسْخَطُ لِسَخَطِهِ.

وصح عن أنس بن مالك I قال: (مَا مَسِسْتُ دِيبَاجًا وَلاَ حَرِيرًا أَلْيَنَ مِنْ كَفِّ رَسُولِ اللَّهِ ﷺ، وَلاَ شَمَمْتُ رَائِحَةً قَطُّ أَطْيَبَ مِنْ رَائِحَةِ رَسُولِ اللَّهِ ﷺ، وَلَقَدْ خَدمتُ رَسُولَ اللَّهِ ﷺ عَشْرَ سِنين، فَمَا قَالَ لِي قَطُّ: أُفٍّ، وَلاَ قَالَ لِشَيْءٍ فَعَلْتُهُ: لِمَ فَعَلْتَه؟ وَلاَ لِشَيْءٍ لَمْ أفعله: أَلاَ فَعَلْتَ كَذا؟).

قد جمع الله لهُ كمَال الأَخلاق، ومحَاسن الأفعَال، وآتاه الله عِلم الأَوَّلين والآخِرين، ومَا فيه النَّجَاة والفوز، وهو أُمِّي لا يَقْرَأُ ولا يَكْتُب، ولا مُعَلِّم لهُ مِنَ البَشَرِ، نَشَأَ في بِلاد الجَهل والصَّحَاري، آتَاه الله مَا لَمْ يُؤتِ أَحَدًا مِنَ العَالَمِين، واختَاره على جميع الأوَّلين والآخرين، فصلوات الله عليه دائمة إلى يوم الدين].

فـ عـ ـذرًا رسُول الله إن قصـ ـرت   في وصف فإن جمالكم لن يُوصفَا

س/3 اذكر بعض الأشعار فى مدحه صلى الله عليه وسلم؟

وذكرهُ طيب في مَسمَعي وفمي	هَذا الحَبيبُ الذِي في مَدحِهِ شَرفي
هَـــذا أجلُّ عِبـاد الله كُلهِـم	هذا أبُو القَاسمِ المُختَارُ مِن مُضَر
سُبحانَ من خَصَّه بالفَضلِ والكرمِ	هذا هو المُصطفىٰ أزكىٰ الورىٰ خُلقًا
ولا الآذانُ بِـلا ذِكـرِ اسمِهِ العَلَمِ	هَذا الذِي لا يصحُّ الفَرضُ مِنْ أَحَدٍ

قال حسَّان بن ثَابت **I** :

مِـنَ اللهِ مَشْهُـودٌ يَلُوحُ ويُشْهَدُ	أغَـرُّ عَلَيْـهِ للنُّبُـوَّةِ خَـاتَمٌ
إذا قَالَ في الخَمْسِ المُؤَذِّنُ أَشْهَدُ	وضَمَّ الإلهُ اسمَ النبيّ إلىٰ اسمِهِ
فذو العرشِ محمودٌ وهذا محمدُ	وشَقَّ لـهُ مِن اسـمِهِ ليجلهُ

قال القائل :

ليكونَ عِطرُكَ فِى الأنَام نَسِيمًا	يَا من بحثتَ عنِ العطورِ جميلهَا
وهـو الـدواءُ إذَا غَـدوتَ سَقِيمًا	هـل لي بـأن أُهديكَ عِطرًا فَاخِرًا
صَلُّـوا عليـه وسَلِّمُـوا تسـليمًا	هو قـولُ ربِّ الخلـقِ فى قُرآنِـهِ

النوايا الصالحة عند دراسة السيرة

س4/ماهي النوايا الصالحة التى يستحضرها المسلم عند دراسة السيرة النبوية؟

ج4/ النَّوَايَا التي يَنوِيهَا المُسلم عندَ دراسة السِّيرة.

1 - يَنْوِي التَّقرب إلى الله بِدرَاسة هَذا العِلم الشَّرعي.

2 - يَنوي مَعرفة أحوَال الرَّسُول **H** لِيَقْتَدِيَ بِهِ.

3 - يَنوي معرفة مَوَاقف الرَّسُول **H** لِيزدَادَ لهُ حُبًّا.

4 - يَنوي معرفة معجزات الرسُول **H** لِيزدَاد إيمَانًا.

5 - يَنوي الاطلاع على موَاقف النَّبي ﷺ في البَلاء لِيَزدَاد ثَبَاتًا.

6 - يَنْوِي الاقتِدَاءَ بِالنَّبي **H** كَدَاعية إلى الله.

7 - ينوي الاقتِدَاءَ بِالنَّبي **H** في مُعَامَلَة المُسلِمِينَ.

8 - ينوي الاقتِدَاءَ بِالنَّبي **H** كَزَوج في بَيْتِهِ.

9 - ينوي الاقتِدَاءَ بِالنَّبي **H** في عِبَادَة ربِّهِ.

10 - يَنوي الاقتِدَاءَ بِالنَّبي **H** في حَالَةِ الغِنَى والفَقر.

11 - يَنوي الاقتِدَاءَ بِالنَّبي **H** في حَالَة الصِّحة والمَرض.

12- يَنوي معرفة هَدي النَّبي ﷺ في الطَّهَارة والصَّلاة للاقتِداء بِهِ.

13- ينوي معرفة هَدي النَّبي ﷺ في الجُمُعة والعِيدَيْن للاقتَداء بِهِ.

14- ينوي مَعرفة هَدي النَّبي ﷺ في الكُسُوفِ والاسْتِسْقَاء للاقتداءَ به.

15- ينوي معرفة هَدي النَّبي ﷺ في الجَنَائز والدَّفن للاقتَداءَ به.

16- ينوي معرفة هَدي النَّبي ﷺ في الصِّيَام والزكاةِ للاقتداء به.

17- ينوي معرفة هَدي النَّبي ﷺ في الحَجِّ والعُمْرَةِ لِلاقْتِدَاءَ بِهِ.

18- ينوي معرفة هَدي النَّبي ﷺ في الهَدَايَا والأضَاحِي للاقتداء به.

19- ينوي معرفة هَدي النَّبي ﷺ في النِّكاحِ والطَّلاقِ للاقتَداء به.

20- ينوي معرفة هَدي النَّبي ﷺ في الطَّعَامِ والشَّرَابِ للاقتداء به.

21- ينوي معرفة هَدي النَّبي - ﷺ - في البَيعِ والشِّرَاءِ للاقتداء به.

22- ينوي معرفة هَدي النَّبي ﷺ في الإجَارَة والمُسَابَقَةِ للاقتداء به.

23- ينوي معرفة هَدي النَّبي ﷺ في العَارِيَةِ والوَدِيعَةِ للاقتداء به.

24- ينوي معرفة هَدي النَّبي ﷺ في اللُّقَطَةِ والهِبَةِ للاقتداء به.

25- ينوي معرفة هدي النَّبي ﷺ في القِصَاصِ والدِّيَّاتِ للاقتداءَ بِهِ.

26- ينوي معرفة هَدي النَّبي ﷺ في الأيْمَانِ والشَّهَادَاتِ للاقتداءَ به.

27- يَنوي الاقتدَاء بِالنَّبي ﷺ في مُعَامَلَةِ المُعَانِدِينَ وَالمُنَافِقِينَ.

28- ينوي الاقتداءَ بِالصَّحَابَةِ الكِرَام في مَوَاقِفهم البُطُولية.

29- ينوي الاقتداء بِالصَّحَابة الكِرَام في سُرعَةِ اسْتِجَابَتِهمْ لأوَامِرِ اللهِ تَعَالَى، وَأَوَامِرِ رَسُول اللهِ **H**.

30- ينوي مَعرفة وقَائِع السِّيرة وما فِيهَا مِنْ عِبَرٍ وعِظَاتٍ.

31- يَنوي معرفة حَوَادث السيرة وما يستنبط مِنْهَا مِنْ أَحْكَام فِقْهِيَّة.

32- ينوي معرفة المُتَقَدِّم والمُتَأَخر، والنَّاسِخ والمَنْسُوخ مِنَ الأحكامِ.

33- يَنوي الاطِّلاع على مُنَاسَبَاتِ الآيَات التي نَزَلَتْ في الغَزَوَاتِ وَوَقَائع السِّيرة الأخرَى.

34- يَنوي الاطلاع على أحوَالِ السَّابِقِينَ الأوَّلِينَ في حَالَةِ الاسْتِضْعَاف للاقتداء بِهِم إذَا حَدَثَ لَهُ مَا يُشَابه ذَلِكَ.

35- ينوي الاطلاع على أحوَال المُجتمع الإسْلامي الأوَّل مِنَ الإخَاءِ والوفَاءِ، والإيثَارِ والتَّعَاونِ، وصَفَاءِ القُلُوبِ ..... لِيقتدي بهم في ذلك.

36- ينوي الاطلاع على مَوَاقِفِ الصَّحَابَةِ الكِرَام في الغَزَوَات والسَّرَايَا من الصَّبر والتَّحمل، والتَّضحِية والفِدَاء لهذَا الدِّين لِيقتدي بهم في ذلك.

37- ينوى أن يزدَادَ بِهَذَا العِلْم للهِ خَشْيَةً، لقوله تعالى: ﴿إِنَّمَا يَخْشَى ٱللَّهَ مِنْ عِبَادِهِ ٱلْعُلَمَٰؤُاْ﴾ [فَاطِر : ٢٨]

38- ينوي أن يزدادَ بهذَا العِلْمِ عِندَ اللَّهِ رِفْعَةً لقوله تعالى: ﴿يَرْفَعِ ٱللَّهُ ٱلَّذِينَ ءَامَنُواْ مِنكُمْ وَٱلَّذِينَ أُوتُواْ ٱلْعِلْمَ دَرَجَٰتٍ﴾ [المُجَادلة : ١١]

39- ينوي أن يحمِلَ هذا العِلْمَ للنَّاس، ويدعُوهم لِلْعَمَلِ بِما فِيهِ، لِمَا رواه مسلم، عن أبي هريرة - I - أن رسول الله ﷺ قال: " مَنْ دَعَا إِلَى هُدًى، كَانَ لَهُ مِنَ الْأَجْرِ مِثْلُ أُجُورِ مَنْ تَبِعَهُ، لَا يَنْقُصُ ذَلِكَ مِنْ أُجُورِهِمْ شَيْئًا"(1)

40-ينوي أن يتخذ هذا العلم وَسِيلَةً لتَعليمِ النَّاسِ الخَير، فينال بِذلك ثناءَ اللَّهِ واستِغْفَارَ المَلائِكة، وكذلكَ استِغْفارَ الكائِنَات، فقد روى الترمذي وحسنَهُ عَنْ أبي أُمَامَةَ البَاهِلِيِّ I ، قَالَ: ذُكِرَ لِرَسُولِ اللَّهِ ﷺ رَجُلَانِ أَحَدُهُمَا عَابِدٌ وَالآخَرُ عَالِمٌ، فَقَالَ رَسُولُ اللَّهِ ﷺ: " فَضْلُ الْعَالِمِ عَلَى الْعَابِدِ كَفَضْلِي عَلَى أَدْنَاكُمْ " . ثُمَّ قَالَ: " إِنَّ اللَّهَ وَمَلَائِكَتَهُ وَأَهْلَ السَّمَوَاتِ وَالأَرَضِينَ حَتَّى النَّمْلَةَ فِي جُحْرِهَا وَحَتَّى الْحُوتَ لَيُصَلُّونَ عَلَى مُعَلِّمِ النَّاسِ الْخَيْرَ "(2).

41 - ينوي أن يتخذَ السِّيرة وَسِيلةً للأمرِ بالمَعْروفِ والنَّهي عن المُنْكر، فيكون من المُفْلِحينَ، قال تعالى: ﴿وَلْتَكُن مِّنكُمْ أُمَّةٌ يَدْعُونَ إِلَى ٱلْخَيْرِ وَيَأْمُرُونَ بِٱلْمَعْرُوفِ وَيَنْهَوْنَ عَنِ ٱلْمُنكَرِ وَأُوْلَٰئِكَ هُمُ ٱلْمُفْلِحُونَ﴾ [آلِ عِمْرَان:١٠٤]

---

(1) صحيح: أخرجه مسلم (2674).

(2) حسن: أخرجه الترمذي (2685) وقال: حسن غريب صحيح.

42- ينوي أَن يَتَعَاون مَعَ إِخوانِهِ المُسلمين في نَقْلِ السِّيرة إلى وَاقِع عَمَلي في الحَيَاة.

43 - ينوي أَن يَزْدَاد حُبًّا للصَّحَابة فيُحشر في زُمْرَتِهِمْ لقول النَّبي **H**: "المَرْءُ مَعَ مَن أَحَبَّ"[1]

44- ينوي أَن يُتقن السِّيرة لِيرُد على المُشكِّكِينَ في رسالة سَيِّدِ المُرسَلِينَ **H**.

45 - يَنوِي أَنْ يُعَلِّمَ السِّيرة لزوجَتِهِ وأَوْلادِهِ، فَيزدَادُون لِلَّه قُرْبًا، وبِالنَّبي **H** اقتِدَاءً، وللصَّحَابة حُبًّا.

46- ينوي أَن يَعِيشَ بِرُوحِهِ وَوِجدَانِهِ مَعَ الرَّعِيلِ الأَوَّل: "فَإِنَّهُم الْقَوم لَا يَشْقَى بِهِم جَلِيسُهُمْ"[2] . [3]

❋ ❋ ❋

---

(1)صحيح: أخرجه البخاري ومسلم.

(2)حبذا لو تقرأ هذه النوايا قبل أن تبدأ في حفظ كل درس لتجدد النية، وربما يفيض الله عليك بنيات أخرى، فيكثر ثوابك، ويعظم أجرك: "إنما الأعمال بالنيات وإنما لكل امرئ ما نوى" متفق عليه.

(3)الخلاصة البهية بترتيب أحداث السيرة النبوية: لشيخنا وحيد بالي حفظه الله.

أسئلة السيرة من الميلاد وحتي البعثة

س5/ مَتَى وُلِدَ النَّبي H وأيْنَ؟

ج5: وُلِدَ ﷺ يَوْمُ الإثنَيْنِ، لِتِسعٍ (وقيل عشر وقيل اثني عشر) مِن رَبِيع الأوَّل في مَكَّةَ.

عَنْ أبي قَتَادَةَ I أنَّ رسُولَ اللهِ ﷺ سُئلَ عَنْ صَوم يَوْمِ الإثنَيْنِ، فَقَالَ: «ذَلِكَ يَوْمُ وُلِدْتُ فِيهِ» رواه مسلم.

قال ابن القيم V: «لا خِلاف أَنَّهُ وُلِدَ ﷺ بجَوفِ مَكَّةَ، وأَن مَولده كان عَام الفِيل».

✳ ✳ ✳

س6/ مَا هُوَ نَسَب النبي H؟

هو أبُو القَاسِم، مُحَمَّدُ بْنُ عَبْدِ الله بْنِ عَبْدِ المُطَّلِب بْنِ هَاشِمٍ بْنِ عَبْدِ مَنَافِ بْنِ قُصَىِّ بْنِ كِلاَب بْنِ مُرَّةَ بْنِ كَعْبِ بْنِ لُؤَىِّ بْنِ غَالِب بْنِ فِهْرِ بْنِ مَالِك بْنِ النَّضْرِ بْنِ كِنَانَةَ بْنِ خُزَيْمَةَ بْنِ مُدْرِكَةَ بْنِ إلْيَاسَ بْنِ مُضَرَ بْنِ نِزَارِ بْنِ مَعَدِ بْنِ عَدْنَانَ، وعَدْنَان مِن نَسْل إسْمَاعِيل بن إبْرَاهِيم خَلِيل الرَّحمَن P.

قال ابن القَيِّم V «هُوَ خَيرُ أَهْلِ الأرْضِ نَسَبًا على الإطْلاقِ».

ولذلك لَمْ يَسْتَطِعْ أَبُو سُفْيَان أَنْ يُنكِر عُلو نَسب الرَّسُول ﷺ على الرَّغْمِ مِمَّا كان عَلَيه مِنْ عَدَاءٍ للرَّسُولِ قَبْلَ إِسْلامِه فَقَالَ «هُوَ فِينَا ذُو نَسَبٍ» متفقٌ عليه.

***

س7/ مَا الحِكمَةُ مِن عُلو نَسبه ﷺ؟

ج7: حتى لا يكُون لأعدَاءِ الإسلامِ سِلاح لِلصَّدِّ عَن سَبِيلِ اللَّه. وحتى لا يَتوهم مُتوهم أَنَّ رِسَالته مَا هِي إلا وِسِيلَة لِغاية وهي تَغْيِير وَضْعِه الاجتِمَاعِي. وقَال النووي ٧ «قِيلَ أَنَّه أَبعَد مِن انتِحاله الباطِل، وأَقْرَب إلى انقِيَادِ النَّاسِ لَه».

درس: كلمَا كان الدَّاعِيَة إلى اللَّه، أو المُصلِح الاجتِمَاعِي في شَرفٍ مِن قَوْمِه، كان ذلك أَدعَى إلى استِمَاع النَّاسِ لَه، فإِن مِن عَادتِهم أَنْ يَزدَرُوا بالمُصلِحينَ والدُّعَاة إِذَا كانُوا مِن بِيئَةٍ مَغمُورةٍ، أو نَسَبٍ وَضِيع، فإِذَا جَاءَهُمْ مَنْ لا يُنكِرُونَ شَرَفَ نَسَبِهِ، ولا مَكانَةَ أُسرَته الاجتِمَاعية بَينهم، لَمْ يَجِدُوا مَا يَقُولُونَهُ عَنهُ إلا افتِرَاءَات يَتحللُون بِهَا مِنَ الاستِمَاع إلى دعوتِه، والإصغَاءِ إلى كلامِه، ولذلِك كان أَوَّل مَا سَأَلَ عَنهُ هِرقل أَبا سُفيان بَعد أَن أَرسل الرسُول إلى هِرقل كِتَابًا يَدْعُوه فِيه إلى الإسلام هُوَ وقَومه: كَيْفَ نَسَبُهُ فِيكُمْ؟ فأَجَابَ أَبُو سُفيان وهو يَومَئِذٍ على شِركِه: هُوَ مِن أَشْرَفِنَا نَسَبًا، ولمَّا انتَهى هِرَقْل مِن أَسْئِلتِه لأبي سُفيان، وسَمِعَ جَوابه عنهَا، أَخَذَ يشرح لهُ سِرَّ الأسئلة التي تَوَجَّه بهَا إِلَيْه

حَوْلَ مُحمَّد «رسُول الله» فقَالَ لهُ هِرَقْل: سَأَلْتُكَ عَنْ نَسَبِهِ فذَكَرْتَ أنَّهُ فِيكُمْ ذُو نَسَبٍ، فكَذَلِكَ الرُّسُلُ تُبْعَثُ فِي نَسَبِ قَوْمِهَا.

صَحِيحٌ أنَّ الإسْلَام لَا يُقِيم وَزنًا لِشَرفِ الأنسَابِ تجَاه الأعمَال، ولكِن هذَا لَا يَمْنَع أنْ يَكُون الَّذِي يجْمَع بينَ شَرفِ النَّسَبِ وشَرفِ الفِعل، أكْرم وأعلى مَكَانًا وأقْرب نجَاحًا، كمَا قَالَ ﷺ: « خِيَارُكُمْ فِي الجَاهِلِيَّةِ خِيَارُكُمْ فِي الْإِسْلَام إِذَا فَقِهُوا » . رواه البخاري.

❋ ❋ ❋

س8/ مَا اسْم وَالِد النَّبِي ﷺ ومَتَى مَاتَ؟

ج8: عبد الله بن عبد المُطلب. قال ابن القيم ﷺ «تُوفي ورسُول الله ﷺ حمل»، ورجحه ابن حجر في فتح البَاري. قَال ابن كثير ﷺ «وهذا أبلغ اليتم وأعلى مراتبه »

وقد ذكر اللهُ يُتمَه في القرآن فقَال سُبحَانهُ ﴿أَلَمْ يَجِدْكَ يَتِيمًا فَآوَىٰ﴾. (الضحى:6). مَاتَ في المَدِينةِ عِندَ أخوَاله بَني عَدي بن النَّجار، وكان في مُهمة تجَارية فمَرِض عند العَودة ومَاتَ فدُفِنَ هُنَاكَ.

درسٌ: أنَّ في تحمل الدَّاعية آلام اليُتم أو العَيش، وهو في صِغره مَا يجعله أكثر إِحسَاسًا بالمَعاني الإنسانية النَّبيلة، وامتِلاءً بالعَواطف الرَّحيمة نحوَ اليتامى أو الفُقرَاء أو المُعذَّبين، وأكثر عَملا لإنصَاف هذه الفِئَات والبر بِهَا والرحمة لهَا،

وكل دَاعِية يَحتَاج لأَن يَكُون لَدَيه رَصِيد كَبِير مِنَ العَوَاطِف الإِنسَانية النَّبِيلة التي تجعَله يشعُر بِآلام الضُّعفَاءِ والبَائِسِينَ، ولا يُوَفر لهُ هذَا الرصِيدَ شيءٌ مِثلُ أَن يُعَاني في حَيَاتِه بَعض مَا يُعَانِيه أُولَئِكَ المُستَضعَفُونَ كاليَتَامَى والفُقَرَاء والمَسَاكِين.

❋ ❋ ❋

س9/ اذكُر بَعض أَسمَاء الرسُول ﷺ ومَا هُو أشهرُهَا؟

ج9: عَنْ أبِي سَعِيدٍ الخُدْرِي **I** قال: قال رسُولُ اللهِ ﷺ «إِنَّ لِي أَسمَاءً أَنَا مُحَمَّدٌ وأَنَا أَحْمَدُ وأَنَا المَاحِي الَّذِي يَمْحُو اللهُ بِيَ الكُفْرَ وأَنَا الحَاشِرُ الَّذِي يُحْشَرُ النَّاسُ عَلَى قَدَمِي وأَنَا العَاقِبُ» متفق عليه أخرجه البخاري(4896)، ومسلم(125 – 2354)

زاد ابنُ سعد «...والخَاتِم»وأشهرهَا «أحمد، ومحمد». قال ابنُ حجر **V** «وأشهرهمَا محمد، وقد تكرر في القُرآن».

❋ ❋ ❋

س10/ كم مرة ذكر النبي **H** باسمه محمد في القرآن الكريم؟

ج10: ذُكِرَ في القُرآن (4) مَرَّات. قَالَ تَعَالَى ﴿وَمَا مُحَمَّدٌ إِلَّا رَسُولٌ قَدْ خَلَتْ مِن قَبْلِهِ الرُّسُلُ﴾ آل عمران: 144 وَقَالَ تَعَالَى ﴿مَّا كَانَ مُحَمَّدٌ أَبَا أَحَدٍ مِّن رِّجَالِكُمْ وَلَكِن رَّسُولَ اللَّهِ وَخَاتَمَ النَّبِيِّينَ﴾. وَقَالَ تَعَالَى: ﴿وَالَّذِينَ آمَنُوا وَعَمِلُوا الصَّالِحَاتِ وَآمَنُوا بِمَا نُزِّلَ عَلَى مُحَمَّدٍ﴾ (محمد: 2) وقَالَ تَعَالَى ﴿مُحَمَّدٌ رَسُولُ اللَّهِ﴾

27

(الفتح: 29) وَأَمَّا أَحمَد: فَوَرَدَ مَرَّةً وَاحِدَةً حِكَايَةً عَنْ عِيسَى S قَالَ تَعَالَى: ﴿وَمُبَشِّرًا بِرَسُولٍ يَأْتِي مِنْ بَعْدِي اسْمُهُ أَحْمَدُ﴾ (الصف:6).

* * *

س11/لِمَاذا سُمِّيَ النَّبِي H بِمُحَمَّدٍ؟

سَمَّى عبد المطلب جد النَّبي ﷺ النَّبي ﷺ محمَّدًا لأجل أن يحمده الله في السَّمَاء وأن يحمده خلق الله في الأرض.

* * *

س12/ ما أول أمر الرسول H؟

ج12:عن أبي أمامة I قال: «قُلْتُ يَا نَبِيَّ اللهِ مَا كَانَ أَوَّلُ بَدْءِ أَمْرِكَ قَالَ دَعْوَةُ أَبِي إِبْرَاهِيمَ وَبُشْرَى عِيسَى وَرَأَتْ أُمِّي أَنَّهُ يَخْرُجُ مِنْهَا نُورٌ أَضَاءَتْ مِنْهَا قُصُورُ الشَّامِ» حسن: أحمد (127/4)

–(دعوة أبي إبراهيم): أي قوله ﴿رَبَّنَا وَابْعَثْ فِيهِمْ رَسُولًا مِّنْهُمْ يَتْلُوا عَلَيْهِمْ ءَايَٰتِكَ وَيُعَلِّمُهُمُ ٱلْكِتَٰبَ وَٱلْحِكْمَةَ وَيُزَكِّيهِمْ إِنَّكَ أَنتَ ٱلْعَزِيزُ ٱلْحَكِيمُ ١٢٩﴾ [البَقَرَةِ : ١٢٩]

–(بشرى عيسى): أشار إليه قوله تعالى حَاكِياً عن المسيح S ﴿وَمُبَشِّرًا بِرَسُولٍ يَأْتِي مِنْ بَعْدِي اسْمُهُ أَحْمَدُ﴾ (الصف: 6)

-(ورأت أمي نُوراً أضاءت منه قصور الشام): قال ابن رجب V «وخرُوج هَذَا النُّور عندَ وضعه إشَارة إلى مَا يجِيءُ به مِن النُّور الذِي اهتَدى به أهل الأرض وزَال به ظُلمة الشِّرك مِنهُ كَمَا قَالَ تَعَالَى: ﴿ يَٰٓأَهْلَ ٱلْكِتَٰبِ قَدْ جَآءَكُمْ رَسُولُنَا يُبَيِّنُ لَكُمْ كَثِيرًا مِّمَّا كُنتُمْ تُخْفُونَ مِنَ ٱلْكِتَٰبِ وَيَعْفُوا۟ عَن كَثِيرٍ قَدْ جَآءَكُم مِّنَ ٱللَّهِ نُورٌ وَكِتَٰبٌ مُّبِينٌ ١٥ يَهْدِى بِهِ ٱللَّهُ مَنِ ٱتَّبَعَ رِضْوَٰنَهُۥ سُبُلَ ٱلسَّلَٰمِ وَيُخْرِجُهُم مِّنَ ٱلظُّلُمَٰتِ إِلَى ٱلنُّورِ بِإِذْنِهِۦ وَيَهْدِيهِمْ إِلَىٰ صِرَٰطٍ مُّسْتَقِيمٍ ١٦ ﴾ [المَائِدَة : ١٥ - ١٦]

* * *

س13/مَنْ هي قَابِلَةُ النَّبيّ H؟

ج13:الشَّفَاء أم عبد الرحمن بن عوف.

* * *

س14/ مَنْ مِن أَعْمَامِ النَّبيّ H الذين أَدرَكُوا الإسلام ومِن أسلَمَ مِنْهُمْ؟

ج14:أَسلَمَ حمزةَ والعبَّاس L، وَلَمْ يُسْلِم أَبُوطَالِب وأَبُو لَهَب. قَالَ ابنُ حَجَر V «مِنْ عَجَائِبِ الاتِّفَاق أَنَّ الَّذِينَ أَدرَكَهم الإسلام مِن أَعْمَام النَّبيّ ﷺ أَرْبَعة: لَمْ يُسْلِم مِنهُم اثنَان وأَسْلَم اثنَان، وكانَ اسم مَن لَمْ يُسْلِم يُنافي اسم

أَسَامِي المُسْلِمِينَ، وهُمَا أَبُو طَالِب واسمُهُ عبدُ مناف، وأَبُو لَهَب واسمُهُ عبدُ العُزَّى، بِخِلاف مَن أَسْلَمَ وهُمَا حمزةَ والعبَّاس»

فَائِدَةٌ: قَالَ ابن حجر في أبي لهب: «وكُنِّي أَبَا لَهَب إِمَّا بابنِهِ لَهَب، وإِمَّا بِشِدَّةِ حُمرَةِ وَجنتِهِ».

فَائِدَةٌ: أَعْمَام النَّبِي ﷺ أَحَدَ عَشَرَ وهُم: الحَارِثُ وهُوَ أَكبر ولد عبد المُطلب، وبه كان يُكنى، وقُثَمُ: هَلَكَ صَغِيرًا، والزُّبَيْرُ بن عبد المطلب وحمزة بن عبد المطلب والعبَّاسُ بن عبد المطلب وأبُو طَالِب بن عبد المطلب وأبُو لهب بن عبد المطلب وعبد الكَعْبَة، وحِجْلٌ واسمُهُ المُغِيرة، وضِرَار والغَيْدَاق.

❋ ❋ ❋

س15/من هُنَّ عمَّات النَّبي H؟

ج15:وعمَّاتُه ﷺ ست: صَفِية بنت عبد المطلب وعَاتِكة بنت عبد المطلب وأَروَى بنت عبد المطلب وأُمِيمة بنت عبد المطلب وبُرَّة بنت عبد المطلب وأم حكيم: وهي البيضَاء بنت عبد المطلب.

فَائِدَةٌ: «ولَم يَثْبُت مِنَ السِّتِّ أَنَّها أَسْلَمَتْ إلا صَفِية، وهي أم الزُّبير بن العوَّام والأخت الشَّقيقة لـ حمزة بن عبد المطلب I؛ وأَمَّا عَاتِكة وأَروَى فاختُلِفَ في إسلامِهِما، وأَروَى بَعضُ العُلَماء يُصحِّحُ إسلامَها، أَمَّا عاتكة فقليلٌ مَن قَالَ بإسْلامِها».

* * *

س16/مَن أخوالُه وخَالاتُه H؟

ج16: قال ابنُ حِبَّان V: أُم رسُول الله ﷺ آمِنَة بنت وهب بن عبد مناف بن زُهرة بن كلاب بن لُؤي بن غَالب، ولم يكُن لها أخٌ – فيكُون خَالًا للنَّبي ﷺ – إلا عبد يغُوث بن وهب، ولكِن بَنُو زُهرة يقُولُون: إنَّهم أخوَال رسُول الله ﷺ؛ لأن آمنة أُم رسُول الله H كانتْ مِنهُم.

أمَّا خَالاتُهُ H: فَذَكَرَ العُلَمَاءُ أنَّ لهُ خَالَتين:

الأُولى: الفُرَيعةُ بنت وهب الزُهرية.

والثَّانية: فَاخِتةُ بنت عمرو الزهرية.

خَالاتُهُ H مِنَ الرَّضَاعَةِ:

1- أُمُّ سُلَيم J (1)

2- أُمُّ حَرَام بنت مِلحَان J.

* * *

س17/اذكر أشهر أولاد عم النَّبي H؟

---

(1) أم سليم: هي سهلة أو رُميلة أو مُليكة بنت مِلحان بن خالد الأنصارية، وهي أم أنس بن مالك I، مشهورة بكنيتها، واختلف في اسمها.

أَوَّلًا: أبْناء الحارث عمُّ النبي ﷺ.

عبد اللَّه، عُبيدة، أبُو سفيَان، نوفَل، رَبِيعَة، أرْوَى.

ثَانِيًا: أبْنَاء حمزة بن عبد المطلب عمُّ النَّبى H وأخُوه من الرَّضَاعة: عُمَارة، يَعلى، أُمَامَةَ.

ثَالثًا: أبناء أبي لهب عم النبي H.

عُتبة، عُتيبة، مُعَتِّبْ، دُرة.

رَابِعًا: أبْنَاء الزُّبير عم النبي H: عَبد اللَّه، أمُّ الحَكَم، ضُبَاعة.

خَامِسًا: أبْناء العبَّاس عمُّ النَّبي H وكان لهُ عَشرة ذُكُور غَير الإِنَاث.

الفَضلُ، عبد اللَّه، عُبيد اللَّه، قُثْم.

سَادِسًا: أبْنَاء أبي طَالب عمُّ النَّبي H.

عليٌّ، عَقِيل، جَعفر، أمُّ هَانِئ (فَاخِتَةُ أَوْ هِنْدٌ).

** **

س18/ مَنْ هُنَّ مُرْضِعَاتُ النَّبيH؟

1) رَضَعَ مِن أُمِّه آمنةُ بنت وهب بِضعَة أيَّام.

2) رضع مِن ثُوَيبَة مَولاة أبي لهب، بِضعة أيَّام. «وأرضعَت معَهُ حمزة بن عبد المُطلب، وأبا سَلَمَة عبد الله بن عبد الأسَد المَخزُومي، أرضعَتهم بِلَبنِ ابنِهَا مَسرُوح).

3) رضع مِن حَلِيمة بنت عبد الله السَّعدية عَامَين، وحَدِيثهَا الطَّويل جوَّد إِسناده الذَّهبي، وصححه ابنُ كثير.

س19/مَنْ هُنَّ حاضِنَات النَّبِي H؟

1- أُمُّ أَيمَن (بَرَكَة الحَبَشِيَّة) J.

2- حَلِيمَةُ السَّعدية J، وابنتهَا الشَّيمَاء J.

❋ ❋ ❋

س20/ أَينَ استُرضِعَ رسُول الله H؟

ج20:استُرضِع في بَادِيَة بَني سَعد أرضَعته حَلِيمَة السَّعدية.

❋ ❋ ❋

س21/ مَا الحِكمَة في أن العَرب تَسترضِع الأطفَال في البَادِيَة؟

1- رَغبَةً في تَقوِيَةِ أَجسَادِهِمْ 2- تَعوِيدًا وَتَربِيَةً لَهُم على الاعتِمَاد على النَّفسِ مُنذ الصِّغَر 3- تَقوِيمًا لألسِنَتِهِمْ.

دَرسٌ: كلَّما عاشَ الدَّاعِية في جَوّ أَقْرَب إلى الفِطرة، وأبعد عَنِ الحيَاةِ المُعَقدة، كان ذَلِكَ أَدعَى إلى صَفَاءِ ذِهنِه، وقُوَة عَقلِهِ وجِسْمِهِ ونَفْسِهِ، وسَلامَةِ مَنطِقِهِ وتَفكِيرِهِ، ولِذَلِكَ لَم يَخْتَرِ اللَّهُ العَرَبَ لأَداءِ رِسَالةٍ صُدفةً ولا عَبَثًا، بَل لأنَّهُم كانُوا بالنِّسْبَةِ إلى مَن يُجَاوِرهُم مِنَ الأُمَم المُتَمَدِّنَة أَصفَى نُفوسًا، وأَسلَمَ تَفكِيرًا، وأَقْوَمَ أَخلاقًا، وأَكْثَرَ احْتِمَالًا لمَكارِه الحُرُوب في سَبيلِ دَعوَة اللَّه ونَشْر رِسَالَتِه في أَنحَاءِ العَالَمِ.

✳ ✳ ✳

س/22 مَاذَا حَدَثَ لَهُ و هو في بَادِيَة بَنِي سعد؟

وَقَعَتْ لَهُ حَادِثَةُ شَقّ الصَّدر. عن أنس I «أن رسُول اللَّه ﷺ أَتَاهُ جِبْرِيلُ ﷺ وَهُوَ يَلعَبُ مَعَ الغِلْمَانِ، فَأَخَذَهُ فَصَرَعَهُ، فَشَقَّ عَنْ قَلْبِه، فَاستَخْرَجَ القَلْبَ، فَاستَخْرَجَ مِنْهُ عَلَقَةً، فَقَالَ: هَذَا حَظُّ الشَّيطَانِ مِنْكَ، ثُمَّ غَسَلَهُ في طَسْتٍ مِنْ ذَهَبٍ بِمَاءِ زَمزَمَ، ثُمَّ لَأَمَهُ، ثُمَّ أَعَادَهُ في مَكَانِهِ، وَجَاءَ الغِلْمَانُ يَسْعَوْنَ إِلَى أُمِّهِ - يَعْنِي ظِئْرَهُ - فَقَالُوا: إِنَّ مُحَمَّدًا قَدْ قُتِلَ.. » رواه مسلم (261 - (162).

«ثم لأمه» على وزنِ ضَرَبَهُ ومَعناه جمعَهُ وضَمَّ بعضَهُ إلى بعض «ظِئره» هي المُرضِعَةُ ويُقَال أَيضًا لِزوج المُرضِعَة ظِئر، وفي رِوَايَةٍ لأبي نعيم «..كَانَتْ حَاضِنَتِي مِنْ بَنِي سَعد بن بكر، فَانْطَلَقْتُ أَنَا وابن لَها في بُهْم لنَا ولم نَأْخُذ مَعَنَا زَاد... »

✳ ✳ ✳

س/23 مَا فَعَلَتْ حَلِيمَة السَّعدية بَعدَ هَذِهِ الحَادِثَة؟

ج23:خَشِيتُ عَلَيْهِ حَتَّى رَدته إلى أُمِّه، إلَى أَنْ بَلَغَ سِتَّ سِنِين.

***

س24/ مَا الحِكمَة مِن حَادِثة شَقّ الصَّدرِ؟

1-فِيهَا بَيَان إِعدَاد اللَّه تَعَالى عَبده ورسُوله محمَّدًا ﷺ لِتَلقي الْوحي عَنهُ.

2-تَعَهَّدَ اللَّهُ D نَبيه عَنْ مَزَالِقِ الطَّبعِ الإنسَاني وَوَسَاوِس الشَّيطَانِ.

س25/ مَا اسم أُم النَّبي H ومَتى مَاتَتْ؟

ج25:آمِنَةُ بِنْتُ وَهْبِ بْنِ عَبْدِ مَنَافِ بْنِ زُهْرَةَ بن كِلاب بن مُرَّة بن كَعب بن لُؤي بن غَالِب القُرَشِيَّة الزُّهرية.

قال ابن القيم V: «لا خِلافَ أَنَّ أُمَّه مَاتَتْ بين مَكَّةَ والمَدِينة (بالأبوَاء) مُنصَرَفِهَا مِن المَدِينة مِن زِيَارَةِ أخوَالِهِ. كان عُمر النَّبي ﷺ عِندَ وفاة أُمه 6سنوات».

***

س26/ ما الحكمة من يتم الرسول H؟

ج26:لقَدْ شَاءَ الله أَنْ يَنشأَ الرَّسُول ﷺ يَتِيمًا وذَلِكَ لِحكمٍ، لَعَلَّ مِنْ أَبْرَزِهَا:

1- أَنْ لا يَكُونَ لِلْمُبْطِلِينَ سَبِيلٌ إِلَى إِدْخَالِ الرِّيبَةِ في القُلُوبِ أَو إِيهَامِ النَّاسِ بِأَنَّ محمَّدًا إِنَّما رَضَعَ لَبَانَ دَعْوَته مُنْذُ صِبَاه بِإِرْشَادٍ وتَوْجِيه مِنْ أَبِيه وَجَدِّه لِيَصِلَ إِلَى جَاهِ الدُّنْيَا بِاصْطِنَاعِ النُّبوَّة.

2- وَ في يُتْمِه أُسْوَةٌ لِلأَيْتَامِ في كل زَمَانٍ ومَكَان، لِيَعرِفُوا أَنَّ اليُتْمَ لَيْسَ نِقْمَةً، وأَنَّه لا يَجِب أَن يَقْعُدَ بِصَاحِبِه عَنْ بُلُوغِ أَسْمَى المَرَاتِب.

❊ ❊ ❊

س27/ مَا اسْم أَبِيهِ H وإِخْوَتِهِ مِنَ الرَّضَاعَة؟

ج27: اسْمُ أَبِيهِ مِنَ الرَّضَاعة: هو (الحَارِثُ بْنُ عَبْدِ العُزَّى)، وَيُكَنَّى أَبَا ذُؤَيْبٍ، وأَبُو كَبْشَةَ، ولَمْ يُذْكَر لَهُ إِسْلامًا.

- إِخْوَتُهُ H مِنَ الرَّضَاعَةِ:

حمزة بن عبد المطلب، عبد الله بن الحَارث، وأَنِيسَة بنت الحَارث، وحُذَافة بنت الحَارث (الشيماء)، ومَسْرُوح. وأَبُو سَلَمَة المَخْزُومي.

❊ ❊ ❊

س28/ مَنْ كَفَلَ النَّبِي H بعد وفَاة أُمِّه؟

ج28: كَفَلَهُ جده عبد المطلب.

❊ ❊ ❊

س29/ كَم كان عُمر النَّبي H عندَ وفاة جده عبد المُطلب؟

ج29: كان عمره ثَمَانِ سنوَات، قَال ابن القيم V: «وكفلهُ جده عبد المطلب، وتوفي ولرسُول الله ﷺ نحــو ثمَان سنين، ثم كفله عمه أبو طَالب».

❋ ❋ ❋

س30/ مَاذَا حَدَثَ لمَا بَلَغَ النَّبي ﷺ مِنَ الْعُمُرِ: 12 سنة؟

ج30: خَرَجَ بِهِ عمُّه أَبُو طَالِب إلى الشَّام وفي هذه الخَرجَة رَآهُ بحيرى الرَّاهب. عن أبي موسى الأشعري I قال «خَرَجَ أَبُو طَالِب إلى الشَّام ومَعَهُ رسُول اللَّه ﷺ في أَشيَاخ مِن قُريش، فَلمَّا أَشرفُوا على الرَّاهب -يعني بحيْرا- هَبطُوا فحَلُّوا رحَالهم، فخَرَجَ إِلَيهِم الرَّاهب، وكانُوا قَبْل ذَلِكَ يَمُرُّون بِهِ فَلا يَخرُج ولا يَلْتَفِت إليهم ... حتى جَاء فَأَخَذَ بيد النَّبي ﷺ فقَالَ: هَذَا سَيِّد العَالَمِين، بَعَثهُ اللَّهُ رحمَة للعَالَمِين، فقَالَ لَهُ أَشيَاخٌ مِن قُرَيْش: ومَا عِلمك؟ فقَالَ: إنَّكُم حِينَ أَشرَفتُم مِنَ العَقَبَة لَمْ يَبْقَ شجَرٌ ولا حَجَرٌ إلا خَرَّ سَاجِدًا ولا يَسْجُدُونَ إلا لنبي، .. فقَالَ الرَّاهِبُ: أُنشِدُكم اللَّه ! أَيُّكم وَلِيُّه؟ قَالُوا: أَبُو طَالِب، فَلَمْ يَزَلْ يُنَاشِده حَتَّى رَدَّه» (1)

---

(1) صحيح: الطبقات (122/1)، صحيح سيرة ابن هشام (64)، صحيح سنن الترمذي (191/3).

درس: إنَّ تَجَارِب الدَّاعية بِالسَّفر، ومُعَاشرة الجَمَاهير، والتَّعرف على عَوَائد النَّاس وأوضَاعِهم ومُشكلاتِهم، لهَا أثر كبير في نجَاح دَعوته، فَالذين يُخَالطُونَ النَّاس في الكتُب والمَقَالات دُونَ أن يختلطُوا بهم على مُختلف اتجَاهَاتِهم، قَوْمٌ مُخفِقُون في دَعوة الإصلاح، لا يستمع النَّاس إليهِم، ولا تَستجيب العقول لدعوتِهِم، لِمَا يَرَى فِيهم النَّاس مِن جَهل بأوضَاعِهم ومُشكلاتِهم، فَمَن أرادَ أن يُصلحَ المُتدينِين عَليه أن يَعيشَ مَعُهُم في مَسَاجِدِهم، ومَجَالِسهم، ومجتمعَاتِهم، ومن أراد أن يُصلحَ حَالَ العُمَّال والفَلاحين، عَليه أن يعيشَ معهُم في قُرَاهُمْ، ومَصَانِعِهِمْ، ويُؤاكلهم في بُيُوتهم، ويتحدث إليهِم في مجتمعَاتِهم، ومن أراد أن يصلحَ المُعَامَلات الجَارية بين النَّاس، عليه أن يختلطَ بهم في أسْوَاقِهم، ومتَاجِرِهم، ومَصَانِعِهم، وأنديَتِهم، ومجَالِسهم، ومن أراد أن يصلح الأوضَاع السِّيَاسِيَّة، عليه أن يختلطَ بالسياسيين، ويتعرف إلى تَنظيمَاتِهم، ويستمع لخطبهم، ويَقْرَأ لهُمْ بَرَامِجهم وأحزَابهم، ثُمَّ يتعرف إلى البيئة التي يَعيشُون فيهَا، والثَّقَافة التي نَهَلُوا مِن مَعِينِهَا، والاتجَاه الذي يَندَفعُون نحوه، ليعرف كيف يُخَاطبهم بمَا لا تَنفر مِنه نفُوسهم، وكيف يسلك في إصلاحِه مَعَهُمْ بِمَا لا يَدعُوهم إلى محَاربته عَن كُره نَفسي، واندفَاع عَاطِفي.

وهكذا يجب أن يكُون للدَّاعية مِن تجَاربه في الحيَاة، ومعرفته بشؤون النَّاس، مَا يمكنه من أن يحقق قول اللَّه تَعَالى: ﴿ ادْعُ إِلَى سَبِيلِ رَبِّكَ بِالْحِكْمَةِ وَالْمَوْعِظَةِ الْحَسَنَةِ ﴾ [النحل: 125]، وَمَا أَبدَعَ القولَ المَأْثُور: خَاطِبُوا النَّاسَ على قَدْرِ عُقُولِهِمْ؛ أَتُرِيدُونَ أَن يُكَذَّبَ اللَّهُ وَرَسُولُهُ؟

***

س31/ بماذا اشتغل رسول الله H قبل نبوته؟

ج31: عَمِلَ بِرَعي الْغَنَم. عَن أبي هُريرَة I قَالَ: قَالَ رسُول الله ﷺ « مَا بَعَثَ الله نَبيًّا إلَّا رَعَى الْغَنَمَ (إلَّا رَاعِيَ الْغَنَمَ) فَقَالَ أَصْحَابُهُ وَأَنْتَ فَقَالَ نَعَمْ كُنْتُ أَرْعَاهَا عَلَى قَرَارِيطَ [1] لِأَهْلِ مَكَّةَ» رواه البخاري.

س32/ مَا الحكمة من عَمَلِ الأنبيَاء بِرعْي الغنمِ؟

1- قَال ابن حجر V: «قَالَ العُلماءُ: الحِكمة في إلهام الأنبيَاء مِن رعي الغَنَم قبل النُّبوة أن يحصل لهم التَّمرن برعيها على مَا يُكلفُونه مِنَ القيَام بأمر أمتهم، ولأن مخَالطتهَا مَا يحصل لَهم مِنَ الحِلم والشَّفقة».

2- أنَّ الله D لا يُعجزه أن يهيىء لنبيه ﷺ كل وسَائل الرَّفاهية ويُغنيه عن الكدح سعيًا ورَاء القُوت، ولكن اقتضَتْ حِكمة الله أن تعلمنَا أنَّ خَيرَ مَال الإنسَان مَا اكتسبه بجهدِه.

درس: ينبغي للدَّاعية أن يَعتَمِدَ في مَعيشته على جُهدِه الشَّخصي، أو مَورد شَريف لا اسْتِجدَاءَ فِيهِ، ولا ذِلَّةٍ ولا مَهَانَةٍ.

درس: ينبغي لِلدُّعَاة الصَّادِقِين الشَّرفاء أن يَرْبَؤُوا بأنفُسِهِمْ أن يَعِيشُوا مِن صَدَقَاتِ النَّاسِ وأعطيَاتهم، وأيَّةُ كَرَامة تكُون لهم في نفُوس قَومهم بعد أن

______

[1] قراريط: مفردها قيراط: وهو جزء من أجزاء الدينار. النهاية 42/4

يُهِينُوا أنفسهم بِذُلِّ السُّؤال والاستجداء ولو لم يكن صَريحًا مَكشُوفًا. فَإذا وَجدَنا مَن يَدعي الدَّعوة والإرشَاد، وهو يَستكثر مِن أَمْوَال النَّاس بشتى أنوَاع الحيل، فَإننَا نجزم بِمَهَانة نفسِهِ في نَفْسِهِ، فكيفَ في نفوسِ قومِهِ وجيرَانِهِ؟ ومن ارتَضَى لنفسهِ المَهَانة، فكيفَ يستَطيع أن يَدعُو إلى مَكارم الأخلاق، ويقفُ في وجهِ الطغَاة والمُفْسِدين، ويُحَارب الشَّر والفَسَاد، ويبعث في الأمة روح الكرامة والشَّرف والاستقَامة؟

✿ ✿ ✿

س/33 ما هي أول امرأة تزوجها النبي H؟

ج33: خَديجة بنت خويلد J.

قال ابن القيم V: وهي أول امرأة تزوجهَا.

✿ ✿ ✿

س/34 كم كان عمر النَّبي H حين تزوجهَا؟

ج34: كان عُمْرُه ﷺ 25 سنة، وهذا قول الجمهور.

✿ ✿ ✿

س/35 كم كان عمرها حين تزوجها الرسول ﷺ؟

ج35: كان عُمْرُهَا « 40 » سنة. (وقيل 28 سنة).

***

س36/ اذكر بعض فضائل خديجة ل؟

1- عُرِفَتْ عِندَ قَومِهَا «بالطَّاهِرَةِ الْعَفِيفَةِ».

2- لَم يَنكِح عَلَيهَا غَيرَها حَتى مَاتَتْ.

3- وأُمِرَ النَّبي ﷺ -أَن يَقرأ عَلَيهَا السَّلام مِن رَبِّهَا.

4- أَوَّل امرأة آمنتْ بِهِ.

5- جَميعُ أولاده مِنهَا عَدَا إِبراهِيم فإنَّه من مَارية القبطية.

***

س37/ اذكر مَا تَعرِفُهُ عَنْ أَوْلاد النَّبي ﷺ؟

الذكور: القَاسِمُ، وعَبدُ اللَّه، وإِبراهِيمُ.

الإِنَاث: زَينَبُ، ورقيَّة، وأُمُّ كلثُوم، وفَاطمة.

-مَاتَ الأبنَاء الذُّكُور صِغَارًا بِالاتفاق. وأمَّا البنَات فأدركن البعثة ودَخلن الإسلام وهَاجرن مَعَهُ.

-كلُّ أولاده مِن خَديجَة ل، إِلا إِبراهيم فإنَّه مِن مَارية القبطية ل، ومَاتَ في ربيع الأوَّل سَنة عشر، وهو ابن ثَمَانِيةَ عَشر شَهرًا.

-كل أولاده مَاتُوا قبلَهُ ﷺ إلا فَاطمة -ل-، ظَلَّتْ بعدَهُ ستة أشهر، فَمَاتَتْ في رَمَضَان سنة إِحدى عشرة، وهي ابنة تسع وعشرين سنة.

***

س/38 اذكر مَا تعرفه عن بَنَات الرسُول H؟

1-زَيْنَبُ J: هى البِنتُ الكُبرى للنَّبى ﷺ ولأمِّهَا خَدِيجَة، وُلِدَتْ وللنَّبى H ثَلاثِينَ عَامًا، وقَد تَزَوَّجَتْ قبلَ البَعثة مِن ابنِ خَالَتِهَا أَبى العَاص بن الرَّبيع، وبعدَ بعثة النَّبِى أَسْلَمَتْ هيَ وبقِىَ هُوَ على شِركِهِ، وحَارَبَ فى صُفُوفِ المُشرِكِينَ فى غَزْوَةِ بَدرٍ، كَمَا أُسِرَ فِيهَا، وقد افتَدَتْهُ زَينب بقِلادَةِ أمِّهَا، وبعدَ ذَلِكَ بِسِنِينَ أَسلَمَ أَبُو العَاص قبلَ فتحِ مَكةَ، وعَادَ إلى المَدِينَةِ وَرَجَعَ إلى زينب J، وقد وَلَدَتْ زينب لأبى العَاص ولدًا اسمُهُ علىّ، وابنةٌ اسمُهَا أُمَامَة، تُوفِيَتْ زَينَبُ J فى العَامِ الثَّامِنِ مِنَ الهِجرةِ، وقَد خَرَجَ النَّبى فى جِنازَتِهَا أنزَلَهَا القَبر.

2-رُقَيَّةٌ J:وُلِدَتْ رقَيَّةُ J عِندَما كان عُمْرُ النَّبى ﷺ ثلاثةٌ وثلاثِينَ عَامًا، وقَد أَسْلَمَتْ مَع إِسْلامِ أُمِّهَا، وكانتْ قبلَ البعثَة تحتَ عُتبة بن أبى لَهَب، ولكنَّهُ طَلَّقَهَا قَبْلَ أَن يَدْخُلَ بهَا، فتزَوَّجَتْ مِنْ عُثمَان بن عَفَّان فى مَكةَ، ثُمَّ خَرَجُوا إلى الحَبَشَةِ مُهَاجِرِينَ، وولَدَتْ لهُ هُنَاكَ عبد الله، وتُوفِّى صَغِيرًا بعُمْرِ الستةِ أعوَام، ثُمَّ هَاجَرُوا مِنَ الحبشةِ إلى المَدِينَةِ، ومَرِضَتْ رقَيَّة هُنَاكَ مَرَض مَوْتِهَا، وبَقِى عُثمَان عِندَها يُمَرِّضهَا، وتخَلَّفَ عَنْ غَزْوَةِ بَدرٍ لِذَلِكَ، وتُوفِيَتْ J،وكانَ عُمرُهَا اثنتين وعِشرِينَ سَنةَ، ودُفِنَتْ فى البَقِيع، وكانت تُكنى بعِدَّة أسمَاءٍ مِنهَا: أُم عَبدالله، وذَاتِ الهِجرَتَين.

٣-أُمُّ كلثوم L: تَزوجهَا عُثمان بعدَ مَوتِ أُختِهَا رُقيَّة، وكانتْ قَبلَهُ عِندَ عُتيبة بن أبى لَهَب، فَلمَّا نزلتْ (تَبَّت يَدَآ أَبِي لَهَب وَتَبَّ)، قَالَ أَبُو لَهَب رأسى مِن رُؤُوسِكُمَا حَرَامٌ إِذَا لَمْ تُطلقا ابنتى محمد، فطلقاهُمَا وَلَم يبنيَا بِهِمَا، ولم تَلد أم كلثوم لِعثمَان شيئًا، وقِيلَ وَلدت لَهُ فَلم يَعش مِنهَا ولا مِن أختِهَا لَهُ وَلد، وَتُوفيتْ عِندَهُ فى شَعبَان سنة تِسع مِنَ الهِجرة.

٤-فَاطِمَةُ L: سَيدةُ نِسَاءِ العَالمَين فى زمَانِهَا، البُضعَةُ النَّبَوية، أُمُّ أَبِيهَا، تَزَوَّجهَا على بن أبى طَالِب I فى الإِسلام، فَوَلَدتْ لَهُ حَسنًا وحُسينًا وحُسنًا، وزينب وأم كلثُوم، مَاتَتْ فَاطِمَةُ L فى المَدِينةِ بَعد أبيهَا بِستةِ أشهُرٍ ودُفِنَتْ بالبَقِيعِ.

❋ ❋ ❋

س٣٩/ مَن هُم أَحفَاد الرسُولH؟

ج٣٩: كانَ لِرَسُولِ اللهH ثَمَانِية أَحفَاد، خَمسَة مِنهُمْ لابنتِهِ فَاطِمَة، وعَلِيٌّ L، وهم: الحَسَنُ، والحسين، ومُحسن، وأم كلثُوم، وزينب، وقد تُوفِّىَ مُحسن في صغره، واثنين مِن أحفَادِهِ لابنتِهِ زينب وأبى العَاص L، وهُمَا: عَلِيٌّ وأُمَامَةُ، وقد تُوفى عَلِيٌّ في صِغرِهِ وَبَقِيَتْ أُمَامَة، وحفِيدٌ وَاحِدٌ لابنتِه رُقيَّة وعُثمَان L واسمُهُ عبدُ الله، وكان عُثمَان I يُكنى بِهِ، وقَدْ تُوُفِّىَ عبدُ الله لَمَّا بَلَغَ السَّادِسَةَ مِنَ العُمُرِ.

❋ ❋ ❋

س/40 اذكر مَا تعرفه عن أحفَاد الرسُول H؟

1- الحسنُ بن على L: هو سِبط رسُول الله H، وسيد شباب أَهْل الجنَّة، أبوهُ على بن أبى طَالب I، وأمُّهُ الزَّهراء سَيدة نِساءِ أهل الجنَّة، وُلِدَ في الخَامِس عشر مِنْ رمضَان مِنَ العَامِ الثَّالِثِ لِلهجرة، وسَمَّاهُ النَّبى H بالحسنِ، وعَقَّ عنهُ بِكبشٍ، وكان الحسنُ I أشبه النَّاس برَسُولِ الله H، وكان I عَظِيمَ الشَّأن، سَيِّدًا، جَوَادًا، رَزِينًا، وَرِعًا، عَاقِلًا، جَميلَ الهَيئة، وسِيمَ المَلامِح، وكان كَثِيرَ التزوج، ولا يُفَارقه أربع زَوجَات، ورزقَهُ الله-تَعَالى-مِنَ الأولادِ خمسَة عشر ذكر، وثمَان إِنَاث، وكان الحسنُ I

صَاحِب عِبَادة، فَقَدْ رُوِيَ أَنَّهُ حَجَّ خمسة عشر حجَّة مَاشِيًا على قَدَميه، ولقد بُويعَ لهُ بالخِلافة بعدَ وفَاة والده على بن أبى طَالب I، وبَقِيَ في الخِلافَة سبعة أَشهُر وأَحَدَ عَشَرَ يَومًا، وتوفِّ في العَام التاسع والأربعين لِلهجرة، ودُفِنَ بجوار أُمِّه فاطمة الزَّهرَاء L بالبَقِيع.

2- الحسين بن على L: هو سِبط رسُول الله H وَرَيحَانَته مِنَ الدُّنيا، وُلِدَ في العَام الرَّابع للهجرة، وكان لهُ ولأخيهِ الحَسن مَكانةً عَظِيمَةً في قَلبِ رسُولِ اللهِ H.

3- زينبُ بنت على L: وُلِدتْ في حَيَاةِ النَّبى H، وكانت L عَاقِلَةً لَبِيبَةً، تَزوجَّت مِنِ ابنِ عَمِّهَا عبد الله بن جَعفر بن أبى طَالب، وأنجبت لهُ مُحمد، وعبَّاس، وعلى، وأمُّ كلثُوم، وعَون، وكانت بِرفْقَةِ أَخِيهَا الحُسين I حين استشهَاده.

4- أُمُّ كلثُوم بنت على J: وُلدت في العَام السادس للهجرة، وقد تزوجَهَا عمر بن الخطاب I في العَام السَّابع عشر للهجرة.

5- أُمَامَةُ بنت أبى العَاص بن الرَّبيع J: هى أكبر أحفاد النَّبى H سنًّا، وأمُّهَا زَينب بنت النَّبى H، وكان لها مَكانَةً خَاصَةً عِندَ رسُول الله H، حَيثُ ثَبَتَ أنَّهُ كان يحمِلُهَا عَلى عَاتِقِه وهُوَ يُصَلِّى، فَإذَا رَكَعَ وَضَعَهَا، وإذَا قَامَ حملَهَا، وقَد تَزوجَّهَا على بن أبى طَالِب I بَعدَ وفَاة فَاطِمَة J، وكانت فَاطِمَة J قَد أوصَتْهُ قَبَلَ وَفَاتِهَا بِأَن يَتزوج أُمَامَة بنت أبى العَاص، وبعدَ مَقتل على I، تَزوجَّهَا المُغِيرة بنُ نَوفَل I، وتوفِّيت عِندهُ، وَلَمَ يَكُن لهَا ولد.

❋ ❋ ❋

س41/ بِمَا شَارك رسُول الله H قُريشًا؟

شَاركهُم في بِنَاءِ الكعبَة وَوَضع الحجرِ الأسودِ. روى الإمَامُ أحمد وأهلُ السِّير «أن قريشًا عندمَا اختَلَفَتْ في وضع الحجر الأسود في مَكانِه، فَقَالُوا: اجعَلُوا بَينكُم حَكمًا، قَالُوا: أَوَّلَ رَجُلٍ يَطلُعُ مِنَ الفَجِّ، فجاءَ النَّبِيُّ ﷺ فقَالُوا: أَتَاكُم الأَمِينُ، فقَالُوا لَهُ، فَوَضَعَهُ فِي ثَوبٍ، ثُمَّ دَعَا بُطُونَهُم فَأَخَذُوا بِنَوَاحِيه مَعَهُ، فَوَضَعَهُ هُوَ ﷺ». «كان عُمر النَّبي ﷺ إذ ذَاك (35) سنة». «لو لا حِكمة الله وهدَاية رسُوله ﷺ إلى هَذا الحَل لسُفِكت الدِّمَاء».

❋ ❋ ❋

45

س42/ اذكر بعض الفوائد والحِكم من هذا الأمر؟

1- إن قبُول قُريش تحكيم الرسُول ﷺ في أمرِ وَضع الحجر الأسودِ في مَكانه مِنَ الْبَيْتِ الحَرَام ووصفهم لهُ بالأمِين، دليلٌ على تَربِيتِهِ D لنبيه ﷺ على مَكارم الأخلاق الَّتي كان مِن بَيْنِهَا الصِّدق والأمَانَة.

2- إن الاقتراح الذِي تَوصل إليهِ الرَّسُول ﷺ لحل هذه الأزمَة كان بتَوفِيق مِنَ اللَّه لِيَلْفِتَ أنظَار النَّاس إلى مَا سَيختَاره له اللَّه مِنَ الْقِيَامِ بأمر أكبر مِنْ هذا لِتَوحِيدِ النَّاس.. وهو الإسلام.

3- إن استِقَامة الدَّاعِية في شبابِهِ وحُسنِ سِيرته أدعى إلى نَجَاحِه في دَعوتِهِ إلى اللَّه، وإصلاح الأخلاق، ومَحَاربة المُنكرَات، إذ لا يجد في النَّاس مَن يَغمزه في سُلُوكِهِ الشَّخصِي قبل قِيَامِهِ بالدَّعوة، وكثيرًا مَا رأينَا أنَاسًا قَامُوا بدعوة الإصلاح، وبخَاصة إِصلاح الأخلاق، وكان مِن أكبر الْعَوَامِل في إعرَاض النَّاس عَنهُم مَا يَذكُرُونه لهُم مِن مَاضٍ مُلوث، وخُلق غير مُستقيم، بَل إن المَاضِى السَّيء يكون مَدعَاة لِلشَّك في صِدقِ هؤُلاءِ الدُّعَاة، بحيثُ يُتهمُون بالتَّستر ورَاء دعوة الإصلاح لمَآرب خَاصة، أو يُتهمُون أنهم مَا بَدَؤُوا بالدعوة إلى الإصلاح إلا بعد أن قضَوْا لُبانتهم [حاجتهم] مِن مَلذَاتِ الحيَاة وشهوَاتِهَا، وأصبَحُوا في وضع أو عُمر لا أمَل لهُم فِيهِ بالاستمرَار فِيمَا كانُوا يبلغُون فيه مِن عرض أو مَال أو شُهرة أو جَاه. أمَّا الدَّاعِية المُستقِيم في شبابِهِ، فإنَّه يَظلُّ أبدًا رَافِع الرَّأس نَاصِع الجبِين، لا يجدُ أعدَاء الإصلاح سَبِيلًا إلى

غَمْزِهِ بِمَاضٍ قَرِيبٍ أَوْ بَعِيدٍ، ولا يتخذُون من هذا المَاضِي المُنْحَرف تُكَأة للتَّشهيرِ به، ودعوة النَّاس إلى الاستِخفَاف بِشَأنِه.

-نعم إنَّ الله يقبلُ توبة التَّائب المُقبل عَلَيهِ بصِدق وإخلاص، ويمحُو بحسنَاته الحَاضِرة سيئَاته المُنصَرِمة، ولكن هذَا شيء غير الداعية الذي ينتَظر لدعوته النَّجَاح إذَا استقَامَتْ سِيرته وَحَسُنَتْ سُمعته.

س43/ اذكر بعض الإرهَاصَات التي كانتْ قَبل النُّبوة؟

أوَّلاً: تَسلِيمُ الحَجَر عَلَيهِ: عَنْ جَابِر بن سَمُرة I قَالَ:قَالَ رسولُ الله ﷺ «إِنِّي لأعرِفُ حَجَرًا بِمَكَّةَ كان يُسَلِّمُ عَلَيَّ قَبَلَ أَن أُبعَثَ، إِنِّي لأعرِفُهُ الآنَ» مُتَّفَقٌ عَلَيه.

ثَانِيًا: الرُّؤيَا الصَّالحَةُ: عَنْ عَائِشَةَ J قَالَتْ «أَوَّلُ مَا بُدِىءَ بِهِ رَسُولُ الله ﷺ مِنَ الْوَحِي الرؤيَا الصَّالِحَةُ فِي النَّوْمِ، فَكَانَ لاَ يَرَى رُؤْيَا إِلاَّ جَاءَتْ مِثْلَ فَلَقِ الصُّبح» متفق عليه.

ثَالثًا: حُبِّبَ إِلَيهِ العُزلَة والتَّحنث: لقولِ عَائشة J في الحَدِيث السَّابق «ثُمَّ حُبِّبَ إِلَيهِ الخَلاَءُ، وَكَانَ يَخْلُو بِغَارِ حِرَاءٍ فَيَتَحَنَّثُ فِيهِ، وَهُوَ التَّعَبُّدُ، اللَّيَالِيَ ذَوَاتِ الْعَدَدِ».

« الخَلاء » الخُلوة، قال النووي V: وهو شَأنُ الصَّالحِين وعِبَاد الله العَارفِينَ. «حِرَاء» جَبلٌ مَعْرُوف بِمَكة. «الغار» نَقْبٌ في الجَبَلِ.

فَائِدَةٌ: في هذا اسْتِحْبَاب العُزلَة لِفَتَرَات تُعِين المُسْلِم على التَّفكير في أحوَالِ المُجتمع إذَا سَادَتْ فيه الجَاهِليَّة والفَسَادِ

-أَمَّا الاعتزال الدَّائم للمُجتمع فهو مخَالِفٌ لِسُنَّةِ النَّبي ﷺ العَمليةِ والقَوليةِ، فَلَمْ يُعْرَفْ عَنِ الرَّسُولِ ﷺ أَنَّهُ اعتَزَلَ المُجتَمَع، وقَالَ في نَبْذِ هَذِهِ الاتِّجَاهَاتِ:

عَنِ ابنِ عُمَرَ L عَنِ النَّبِيِّ ﷺ أَنَّهُ قَالَ «المُؤمِنُ الَّذي يُخَالِطُ النَّاسَ ويَصبِرُ عَلَى أَذَاهُمْ أَعظَمُ أَجرًا مِنْ الَّذي لَا يُخَالِطُهُمْ وَلَا يَصبِرُ عَلَى أَذَاهُمْ قَالَ حَجَّاجٌ خَيرٌ مِنَ الَّذي لَا يُخَالِطُهُمْ» صحيح: ابن ماجة (3273)

فَائِدَةٌ: يجبُ على الدَّاعية إلى اللَّه أَنْ تكُونَ لَهُ بَينَ الفَينَةِ والفَينَةِ أَوقَات يخلُو فِيهَا بِنَفسِه، تَتَّصِل فِيهَا رُوحُهُ بِاللَّه جَلَّ شَأْنُهُ، وتَصفُو فِيهَا نَفسه مِن كَدُورَاتِ الأَخلاقِ الذَّميمَةِ، والحَياةِ المُضطَرِبَةِ مِنْ حَوْله، ومِثل هَذِهِ الخلَوَات تَدعُوه إلى محَاسَبة نَفسه إنْ قَصَّرَتْ في خَيرٍ، أَو زَلَّتْ في اتِّجَاه، أَو جَانَبَتْ سَبِيلَ الحِكمَةِ، أَوْ أَخطَأَتْ في سَبِيلٍ ومَنْهَجٍ أَوْ طَرِيقٍ، أَوِ انْغَمَسَتْ مَعَ النَّاسِ في الجِدَالِ والنِّقَاش حَتَّى أَنْسَتْهُ ذِكرَ اللَّه والأُنْسَ بِه وتَذَكُّر الآخِرَة، وجنتها ونارها، والمَوْت وغُصَصِهِ وآلامِه، ولِذلك كان التَّهجد وقِيَام الليل فَرضًا في حَقِّ النَّبي ﷺ، مُستَحَبًّا في حَقِّ غَيرِه، وأَحَق النَّاسِ بِالحِرصِ على هذه النَّافلةِ هُمُ الدُّعَاة إلى اللَّه وشَريعَتِه وجَنَّتِه، وللخلوة والتهجد والقِيَام لِلَّه بِالعُبُودية في أَعقَابِ الليل لَذَّة لا يُدْركها إلا مَن أكرمه اللَّه بهَا، وقَدْ كان إِبرَاهِيم بنُ أَدهم V يقول في أَعقَابِ تَهجده وعبادته: نحنُ في لَذَّةٍ لَو عَرَفَهَا المُلُوك لقَاتَلُونَا عَلَيهَا. وحَسبُنَا قَول اللَّه -مُخَاطِبًا رسُول اللَّه ﷺ: ﴿يَاأَيُّهَا ٱلْمُزَّمِّلُ ۝ قُم

ٱلَّيۡلَ إِلَّا قَلِيلًا ۞ نِّصۡفَهُۥ أَوِ ٱنقُصۡ مِنۡهُ قَلِيلًا ۞ أَوۡ زِدۡ عَلَيۡهِ وَرَتِّلِ ٱلۡقُرۡءَانَ تَرۡتِيلًا ۞ إِنَّا سَنُلۡقِى عَلَيۡكَ قَوۡلًا ثَقِيلًا ۞ إِنَّ نَاشِئَةَ ٱلَّيۡلِ هِىَ أَشَدُّ وَطۡـًٔا وَأَقۡوَمُ قِيلًا ۞ [المُزَّمِّل: ١ - ٦]

❋ ❋ ❋

ترتيب أحداث السيرة
من الميلاد وحتى البعثة

س44/ رتب أحداث السيرة النبوية من المولد إلى المبعث؟

1 - نبينا ﷺ هو أبو القاسم محمد بن عبد الله بن عبد المطلب بن هاشم بن عبد مناف بن قصي بن كلاب بن مرة بن كعب بن لؤي بن غالب بن فهر بن مالك بن النضر بن كنانة بن خزيمة بن مدركة بن إلياس بن مضر بن نزار بن معد بن عدنان.

2 - ولد ﷺ يتيمًا يوم الإثنين من شهر ربيع الأول من عام الفيل.

3 - يَقُولُ ﷺ: «أنا دعوة إبراهيم، وبشرى عيسى، رأت أمي حين حملت بي كأن نورا خرج منها أضاءت له قصور بصرى من أرض الشام». رواه أحمد في المسند ح (16712)، وابن حبان في صحيحه ح (6404).

4 - ومرضعته ﷺ هي حليمة بنت أبي ذؤيب السعدية، ولقد ظهر بوجوده عندها من البركات مَا ظهر.

5 - ولما بلغ - ﷺ - أربع سنوات أتاه ملكان فشقَا صدره وغسلا قلبه ثم أعادَاه.

6 - ولما بلغ ﷺ ست سنوات ماتت أمه بالأبواء بين مكة والمدينة، فكفله جده عبد المطلب.

7 - ولما بلغ - ﷺ - ثماني سنوات توفي جده عبد المطلب وكفله عمه أبو طالب.

8 - ولما بلغ ﷺ الثانية عشرة خرج به عمه أبو طالب إلى الشام، فلما بلغوا بصرى رآه بحيرى الراهب، فتحقق فيه صفات النبوة فأمر عمه برده، فرجع.

9 - ولما بلغ ﷺ الخامسة عشرة كانت حرب الفجار بين قريش وهوازن. 10 - ثم شهد ﷺ حلف الفضول لنصرة المظلوم.

11 - ولما بلغ ﷺ الخامسة والعشرين تزوج خديجة J.

12 - ولما بلغ ﷺ الخامسة والثلاثين اختلفت قريش فيمن يضع الحجر الأسود مكانه فحكم بينهم.

13 - ولما بلغ ﷺ الثامنة والثلاثين ترادفت عليه علامات نبوته، وتحدث بها الرهبان والكهان.

14 - ولما بلغ ﷺ التاسعة والثلاثين، حبب إليه الخلوة، فكان يخلو بغار حِراء شهر رمضان يتحنف فيه.

15 - وقبل مبعثه بستة أشهر كان وحيه منامًا، وكان لا يرى رؤيا إلا جَاءت مثل فلق الصبح.

منظومة المُنِيرَه فى مُهِمِّ عِلمِ السِّيرَه

للعلامة : صالح بن عبد الله بن حمد العُصيمى

ثُمَّ الصَّلَاةُ وَالسَّلَامُ السِّيرَه	بِحَمْدِ رَبِّى أَبدَأُ المُنِيرَه
أَبُوهُ عَبدُ اللهِ مِنهُ مُفرَد	عَلَى نَبِىٍّ اسمُهُ مُحَمَّد
مِنْ نَسلِ عَدنَانَ وَأَصلُهُ العَرَب	وَجَدُّهُ شَيبَةُ عَبدُ المُطَّلِب
أَجدَادُهُ بَينَ قُرَيشٍ كَائِنَه	وَأُمُّهُ بِنتُ لِوَهبٍ آمِنَه
عَامَ قُدُومِ الفِيلِ لِلتَّبيِين	مَولِدُهُ وفِى البَلَدِ الأَمِين
فِى ثَانِى عَشرِهِ حِسَابًا عَوِّل	فِى يَومِ الاثنَينِ رَبِيعَ الأَوَّل
أَربَعَةَ الأَعوَامِ فِى غَنِيمَه	مُستَرضَعًا أَتَمَّ مَعَ حَلِيمَه
وَجَدُّهُ بَعدَ ثَمَانٍ وَافَت	وَأُمُّهُ عَقِيبَ سِتٍّ مَاتَت
وَزَارَ بُصرَى الشَّامِ مَعهُ وَارتَحَل	ثُمَّ أَبُو طَالِب عَمُّهُ كَفَل
خَدِيجَةِ فَزَوْجُهُ فِى التَّالِى	مِنْ بَعدِهِ مُتَّجِرًا فِى مَالِ

وَفِي تَمَامِ أَرْبَعِينَ أُرْسِلَا لِلنَّاسِ يَهْدِيهِمْ لِدِينٍ حُمِّلَا

يَدْعُو إِلَى التَّوْحِيدِ جَوْفَ مَكَّةِ ثَلَاثَ عَشْرَةَ سِنِينًا تَمَّتِ

وَبَعْدَهَا هِجْرَتُهُ تَعَيَّنَتْ لِطَيْبَةَ ثُمَّ السُّيُوفُ شُرِّعَتْ

سَبْعًا وَعِشْرِينَ غَزَا بِالنُّصْرَةِ وَمَوْتُهُ فِي حَادِي عَشْرِ الْهِجْرَةِ

أَزْوَاجُهُ بَعْدَ خَدِيجٍ عَشَرَهْ سَوْدَةُ ثُمَّ عَائِشُ الْمُطَهَّرَهْ

فَحَفْصَةُ زَيْنَبُ أُمُّ سَلَمَهْ وَبِنْتُ جَحْشٍ زَيْنَبُ الْمُكَرَّمَهْ

ثُمَّ ابْنَةُ الْحَارِثِ ذِي جُوَيْرِيَهْ أُمُّ حَبِيبَةٍ وَرَمْلَةٌ هِيَهْ

صَفِيَّةٌ مَيْمُونَةٌ وَالْجَامِعَهْ مِنْ نَسْلِ إِسْمَاعِيلَ إِلَّا التَّاسِعَهْ

أَوْلَادُهُ الْقَاسِمُ عَبْدُ الله الطَّاهِرُ الطَّيِّبُ زَاكِي الْجَاهِ ى

وَزَيْنَبُ رُقَيَّةٌ وَفَاطِمَهْ وَأُمُّ كُلْثُومٍ وَابْرَاهِيمُ الْخَاتِمَهْ

❊ ❊ ❊

شرح منظومة المنيرة للعصيمي

قال المصنف – وفقه الله – فى أول منظومته:

بحمـــد ربـــى أبــــدأ المنـــيرة   ثم الصـــلاة والسلام السيره

ابتدأ المصنف منظومته بالبسملة، ثم حمد الله سبحانه وتعالى، ثم ثلث بالصلاة والسلام على النبى ﷺ.

ملوحًا بمقصوده فى منظومته على وجهٍ لطيفٍ، فقال: (ثم الصلاة والسلام السيرة)؛ أى الطريقة، فهو يشير إلى أن من طريقته المسلوكة الصلاة والسلام على النبى ﷺ، ومراد ما وراء ذلك: وهو الإعلام بأن منظومته هذه فى سيرة النبى ﷺ، ولهذا قال: ثم الصلاة والسلام السيرة).

عـــلى نبــى اســمه محمــد   أبـــوه عبــد الله منــه مفـــرد

شارعًا يبين مسائل من مهمات السيرة النبوية.

والسيرة النبوية اصطلاحًا هى طريقة النبى ﷺ وتفصيل حاله من مولده إلى وفاته ﷺ.

قال (حفظه الله): وأشرت إلى ذلك بقولى:

لسيرة النبـــى حـــد آتـــى   تفصــــيل حالــــه إلى الممـــات

ثم ذكر من عيون مسائل السيرة النبوية: اسم النبى المرسل إلينا: وهو محمد، وهو أشرف أسمائه ﷺ، وبه ذكر فى القرآن جر نسبه بعده، فلم يذكر فيه أبوه ولا جده فمن فوقهما.

وتقدم أن الاقتصار فى القرآن على الاسم النبوى محمد وقع لأمرين:

-أحدهما: إبطال ما اعتادته العرب من الفخر بالآباء، فلما طوى جر نسبه فى آبائه علم أنه لا يعبأ بالفخر بسلسلة الآباء، وهو مما اعتادته العرب.

-والآخر: تحقيق رسوخ إرادة النبى ﷺ بهذا الاسم عند الإطلاق، فإذا أطلق ذكر اسم (محمد) كان هو المراد به، فصار شعارًا على النبى المبعوث فى الناس.

وطمع من طمع فى حصول النبوة لابنه؛ فسمى جماعة من أهل الجاهلية أبناءهم باسم (محمد) لما تكاثر عند أهل الكتاب ذكر إرهاصات مبعث النبى العربى، رغبةً أن يكون الأمر فيهم، فطوى الله عنهم ذلك وأخمد ذكرهم وأبقاه لمحمد بن عبد الله بن عبد المطلب القرشى الهاشمى ﷺ.

ثم ذكر اسم أب النبى ﷺ، فقال: (أبوه عبد الله منه مفرد)؛ أى لم يرزق ابنًا سواه، فهو مفردٌ فى بنوته، فليس لعبد الله أحدٌ من الأولاد- ذكورًا أو إناثًا - سوى محمد ﷺ.

ثم ذكر مسألةً أخرى، فقال: (وجده شيبة عبد المطلب)؛ أى جدُّ محمدٍ ﷺ اسمه (شيبة)، ويلقب: ثم غلب عليه هذا اللقب حتى صار اسمه، فإن أباه

سمَّاه (شَيبة)، وهو من الأسماء المشهورة في قريشٍ، وكان يُذكر به فيُسمَّى لكرمه: شَيْبَةَ الجُودِ، وشَيْبَةَ الحَمْدِ.

وغلب عليه اسمُ (عبدُالمطَّلبِ)؛لأنَّه أقام مع أمِّه في كَنَفِ أخوالِه في المدينة- وكانت تسمى (يثرب)-، فلما ترعرع وشب عن الطوقِ خرج إليه عمه (المطلب) ليرده إلى قريشٍ، فلما أقبل به عليهم وكان قد تغيرت صورته، واسود بدنه من كد السفر وغربة الطريق، فلما رآه الناس مع عمه المطلب ظنوه مملوكًا اشتراه المطلب بن قصى من المدينة، ثم غلب عليه هذا اللقب فصار مشهورًا في قريشٍ، وخفى اسمه الذى سمى به وهو (شيبة)، فصار المشهور بين الناس هو لقبه، حتى كان انتساب النبى ﷺ إليه، ففى (الصحيح) في قصة حنينٍ أنه ﷺ كان يرتجز ويقول:

أنـا النبـي لا كـذب   أنـا ابـن عبـد المطلب

ثم ذكر مسألةً أخرَى، فقال: (من نسل عدنان)؛ أى يرجع هذا النبي ﷺ إلى عدنان؛ وهو جدٌّ بعيدٌ له.

ولم يختلف أهل العلم في نسبته إليه، واتفقوا أيضًا على مسرد أجداده إلى عدنان، فنقلة السيرة والأخبار مجمعون على صحة نسب النبي ﷺ في سرد آبائه إلى عدنان، ذكره إجماعًا أبو الفداء ابن كثيرٍ، وأبو الفضل ابن حجرٍ، وجماعةٌ.

ثم قال: (وأصله العَرب)؛ أى أصل هذا النبي أنه من جنس العرب.

ثم ذكر مسألةً أخرى، فقال: (وأمه)- أى أم محمد ﷺ - (بنت لوهب آمنه)، فهى آمنة بنت وهب.

ثم قال: (أجداده بين قريشٍ كائنه)؛ أى سلسلة نسبه إلى الجهتين- أبًا وأمًّا- هى من قريش، فمردُّ أخواله وأعمامه إلى قبيلة واحدةٍ هى أفضل قبائل العرب، وهى قبيلة قريشٍ.

وتسلسل نسبه وفقَ ذلك هو اصطفاءٌ من الله D، فإنه خيارٌ من خيارٍ، اصطفاه الله D من جراثيم الخلق- أى من جذور الخلق وأصولها-، حتى انتهى اصطفاؤه إلى بنى هاشمٍ، فكان ﷺ صفوةَ بنى هاشمٍ.

مولده فى البلد الأمين عام قدوم الفيل للتبين

ذكر المصنف-وفقه الله- مسائل أخرى من مهمات السيرة.

منها: بيانُ أن (مولده) ﷺ كان (فى البلد الأمين)؛ أى فى مكة، وسميت مكةُ (البلد الأمين) لأمن الخلق فيها بعضهم على بعضٍ.

ثم عين العام الذى ولد فيه فقال: (عام قدوم الفيل للتبين)؛ أى ولد ﷺ فى العام الذى تسميه العربُ (عام الفيل)، فإن العرب كانت تؤرخ سنينها بالحوادث، فلم يكونوا يعدون السنين عدا، ولكن كان يحفظونها بالحوادث، فيقولون: عام الطوفان، وعام الجراد، وعام الفيل، وعام قتل فلانٍ، إلى آخر ألقاب الأعوام المشهورة عندهم.

واتفق مولده ﷺ فى عام الفيل، لا يختلف أهل العلم فى ذلك، نقل الإجماع عليه ابن القيم وغيره.

وقوله: (عام قدوم الفيل للتبين)؛ أى وقع الاتفاق بين مولده وبين عام الفيل للتبين؛ أى ليكون بيِّنًا محفوظًا عند العرب، فيكون فى قلوب العرب ان هذا النبي الذى بعث فيهم ولد فى العام الذى قدم عليهم الفيل– وأهلكه الله وأهله– فى تلك السنة، والمراد بـ (الفيل): فيل أبرهةَ الحبشىِّ لمـا قدم فى جيشٍ عظيمٍ يريد أن يهدم الكعبةَ، فأهلكه الله على ما ذَكر فى سورة الفيل.

ثم ذكر مسألةً أخرى عيَّن فيها اليوم الذى ولد فيه، وشهره، وتاريخ ذلك اليوم من الشهر، فقال: (فى يوم الاثنين)؛لقوله ﷺ فى "صحيح مسلم" لمـا سئل عن صيام يوم الإثنين فقال: "ذاك يوم ولدت فيه".

وكان مولده فى (ربيع الأول) فى الثانى عشر منه؛ صح هذا عن جابر وابن عباس رضى الله عنهما عند ابن شيبة فى "مصنفه"؛ أنهما قالا: "ولد النبي ﷺ يوم الإثنين الثانى عشر من ربيع الأول"، وإسناده صحيحٌ، ولا يعرف لهما مخالفٌ من الصحابة، وهو قول الجمهور.

أى وقع استرضاعه مع حليمة؛ وهى حليمة بنت أبى ذؤيبٍ السعدية– من بنى سعد–، ومنازل قومها فى جنوب الطائف.

وكانت قريشٌ تستطيب دفع ذراريها إلى أهل البوادي ليسترضعوا فيهم، فتقوى أبدانهم بحسن أجواء البادية، وما فيها من حالٍ تفضل بها على القرى والمدن، ورغبةً في فتخِ لسانه بما كانوا عليه من الفصاحة.

وقريشٌ افصح العرب، ولكن كدَّر فصاحةَ قريشٍ ما كان في أيديهم من الأنباطِ والمماليك والرقيق من غبر العرب، فكانوا يتخوَّفون أثرهم على الصغار؛ فينأون بصغارهم عن الخلطة بهؤلاء لينشؤوا عند العرب الخلص، فإذا عادوا إليهم كانت ألسنتهم مستقيمةً.

وكانت حليمةُ خلفت ثويبة مولاة أبى لهبٍ على رضاعة النبي ﷺ، وثويبةُ خلفت أمه، فإن مرضعات النبي ثلاثٌ:

أولاهن: أمه آمنةُ بنت وهبٍ.

وثانيهن: ثويبة مولاة أبى وهبٍ.

وثالثهن: حليمةُ بنتُ أبى ذُؤيبٍ السعدية.

وكانت آمنةُ دفعت إليها محمدًا ﷺ لترضعه، فخرجت به إلى منازل قومها؛ واقام عندها ﷺ سنتين حتى فُطم عن الحليبِ، ثم رجعت به إلى أمه في مكة والتمست منها أن تبقيه عندها؛ لما رأت من بركته، فقبلت آمنه؛ رغبةً في زيادة الخير لابنها في قوة بدنه وفصاحةِ لسانه، فبقى عندها عامين آخرينِ، حلَّت فيها على حليمةَ أعظمُ الغنيمة؛ فسمنت غنمها، ودرَّ حليبها، وعظمت أبدانها، وكثر خيرها.

ثم ذكر مسألةً أخرى، فقال: (وأمه عقيب ست ماتت)؛ أى لما تم له ستُّ سنواتٍ ماتت أمه آمنة مرجعها من المدينة إلى مكةَ، وكان موتها بـ (الأبواء) إجماعًا؛ ذكره أبو عبدالله ابنُ القيم.

وجمهور أهل العلم أن عمر النبي ﷺ عند موتِ أمه كان ست سنين، وذكره جماعةٌ من القدامى؛ منهم: عبدالله بن أبى بكرٍ، ومحمد بن إسحاقَ، ثم تبعهما آخرون؛ منهم: ابن القيم، والذهبى، وابن كثيرٍ.

ثم قال: (وجده بعد ثمانٍ وافت)، أى مات جده عبد المطلب بعد مُوافاته ثمانَ سنين، فلما بلغ سن الثامنة مات جده عبد المطلب، وكان قائمًا على رعايته؛ ثبت هذا عن ابن عباسٍ عند الفاكهى فى " تاريخ مكة "، وإسناده حسنٌ؛ ولا يعلمُ له مخالفٌ من الصحابة، وعليه جمهور أهل العلم؛ أن عمره لما مات جده كان وهو ابن ثمانِ سنين.

ثم ذكر مسألةً أخرى وهى كفالة عمه له، فقال: (ثم أبوطالبِ عمه كفل)؛ أى ضمه إليه وقام على رعايته، وأبو طالبٍ هو عم النبي ﷺ.

وخصَّ بين سائر أعمامه بكفالة محمدٍ ﷺ لأمرين:

أحدهما: أنه كان شقيقَ أبيه عبد الله، فكانَ أبوطالبٍ وعبدالله –والدُ النبي ﷺ– شقيقين يشتركان فى الأبِ والأمِّ.

والآخر: أن عبد المطلب– جدُّ النبي ﷺ– أوصى بمحمدٍ إلى أبى طالبٍ أن يقومَ على كفالته ورعايته ويتولى شأنه.

ثم ذكر مسألةً أخرى، فقال: (وزار بصرى الشام معه)، أى زار النبى ﷺ - وهو يافعٌ فى مبتدإ شبابه - بُصرى - وهى بلدةٌ من بلاد الشام - مع عمه أبى طالبٍ؛ لأن قريشًا كانت تطرق الشام فى طلب التجارة، فكانت لقريشٍ رحلتان:

إحداهما: رحلته الصيف إلى الشام.

والأخرى: رحلة الشتاء إلى اليمن.

واختصت الشام برحلته ﷺ إليها دون اليمن، فما رُوِى أنه ارتحل إلى اليمن لا يثبت منه لا يثبت شيءٌ.

ووقع اختصاصُ الشام بالرحلة النبوية لأمور ثلاثةٍ:

أحدها: أن الشام بلدُ أكثرِ الأنبياء، ففيها من نُور النبوية ما ليس فى غيرها.

وثانيها: أن الشام بلدُ جده إبراهيمَ الخليلِ عليه الصلاة والسلام، والرجل إلى دار جده أحنُّ.

وثالثها: أن الشام كانت قبلةَ من يُصلى لله من أهل الكتاب.

ثم قال ذاكرًا مسألةً أخرى:

إعلامًا برحلة ثانية له بعد متجرا فى مال خديجة بنت خويلد صحبة غلامها ميسرة، وكانت عمره حينئذ خمسا وعشرين سنة.

وكانت خديجة كثيرة المال، وقد تسامعت بأمانة النبي ﷺ، فطمعت فى مشاركته قراضا -أى مضاربة، بأن يكون منها المال ومنه العمل-، فدفعت إليه مالا يخرج به للتجارة إلى الشام مع غلامها ميسرة.

فالرحلات النبوية إلى الشام أربعٌ:

أولاها: رحلته مع عمه للتجارة.

وثانيها: رحله فى مال خديجة مع غلامها ميسرة للتجارة.

وثالثها: رحلة الإسراء- على الصحيح-؛أنه ارتحل ببدنه وروحه معًا.

ورابعها: رحلته إلى الجهاد فى غزوة تبوك.

وقيل فى غزوة تبوك: (غزوته ﷺ إلى الشام)؛ لأن تبوك وإن لم تكن من الشام فكانت تحت سلطان الروم وهم أهل الشام، فقيل فى غزوة تبوك: إنها غزوة إلى الشام.

والحد الفاصل بين بلاد الشام وجزيرة العرب هى (حرة الصوان)؛ وهى حجارة سوداء ملساء فى حدود دولة الأردن اليوم دون مدينة (معان)، فإذا خرجت قدر أكيال قليلة من المملكة العربية السعودية صادفت تلك الحرة،

وإليها ينتهي حد جزيرة العرب من جهة الشمال، فما وراءها هو من بلاد الشام، وما يحاذيها من أسفل مما يخالفها بلاد العراق.

ثم قال ذاكرًا مسألة أخرى من مهمات السيرة: (فزوجه في التالي)؛ وهى زواجه ﷺ من خديجة بعد خروجه في تجارتها، فتزوجها ﷺ لما رأت أمانته وحسن خلقه، وحدثها عنه غلامها ميسرة بما يسر، فخطبته إلى نفسها، وسعت في تزوجه؛ فتزوجها ﷺ، وكانت أولى نسائه ﷺ، ل.

وإلى هذه الأبيات العشرة انتهت حوادث السيرة النبوية المكية، وبعدها عشرةٌ أخرى فيها حوادث السيرة النبوية المدنية.

فإن حوادث السيرة النبوية نوعان:

أحدهما: حوادث السيرة النبوية المكية؛ وهى اسم لما وقع قبل الهجرة ولو كان بغير مكة.

فمثلًا: خروجه إلى الطائف داعيًا أهلها يعد من حوادث السيرة المكية.

والآخر: حوادث السيرة المدنية؛ وهو اسم لما وقع منها بعد الهجرة ولو كان بغير المدينة؛ كخروجه للقتال في تبوك.

وفي تمام أربعين أرسلا للناس يهديهم لدين حملا

ذكر المصنف- وفقه الله- في هذه الأبيات زمرة أخرى من مهمات السيرة تتعلق بحوادثها المدنية- كما تقدم.

فذكر من مهماتها: أنه لما تم له (أربعين) سنةً - وهى سن الأشد - أرسله الله إلى (الناس يهديهم لدين حملا)؛ أى كلف ﷺ بحمله وتبليغه للناس، فأنزل عليه أولا صدر سورة العلق: ﴿ٱقۡرَأۡ بِٱسۡمِ رَبِّكَ ٱلَّذِى خَلَقَ ۝ خَلَقَ ٱلۡإِنسَٰنَ مِنۡ عَلَقٍ ۝ ٱقۡرَأۡ وَرَبُّكَ ٱلۡأَكۡرَمُ ۝ ٱلَّذِى عَلَّمَ بِٱلۡقَلَمِ ۝ عَلَّمَ ٱلۡإِنسَٰنَ مَا لَمۡ يَعۡلَمۡ ۝﴾ [العَلَق : ١ - ٥] ، ثم أنزلت عليه ﷺ سورة المدثر: ﴿يَٰٓأَيُّهَا ٱلۡمُدَّثِّرُ ۝ قُمۡ فَأَنذِرۡ ۝ وَرَبَّكَ فَكَبِّرۡ ۝﴾ [المُدَّثِّر : ١ - ٣]، إلى تمام السورة.

فحمل ﷺ أمانة الرسالة؛ وأوجب الله D عليه البلاغ والقيام فى هداية الخلق إلى دين الإسلام.

ثم ذكر قيامه فيهم، فقال:

يـــدعو إلى التوحيـــد جـــوف   مكـــة ثـــلاث عشـــرة سـنينا تمت

فبقى ﷺ فى مكة يدعو الناس ثلاث عشرة سنة، وكان معظم دعوته وأصله الأكبر هى دعوة الناس إلى توحيد الله D، مع دعوتهم إلى أمور تتعلق بالدين مما هى غير التوحيد، لكن كان أكثر شغله وأعظم وكده فى دعوته: دعوتهم إلى توحيد الله؛ لأنهم كانوا على الشرك.

ثم ذكر مسألةً أخرى، فقال:

وبعدها هجرته تعينت لطيبة   ....

أى بعد هذه السنين الثلاث عشرة أمر ﷺ بالهجرة إلى طيبة، و(طيبة) اسمٌ من أسماء المدينة، وكانت تسمى قبل الإسلام: (يثرب)، ثم سميت بأسماء إسلامية منها: طيبة، وطابة، والمدينة، ودار الهجرة، ودار الإسلام، ودار النصرة، وغير ذلك من أسمائها فى الإسلام.

فخرج النبي ﷺ مهاجرا من مكة إلى المدينة حتى وصلها وتوطنها فاتخذها دارًا.

ثم ذكر مسألةً أخرى، فقال: (ثم السيوف شرعت)، أى أمر ﷺ بعدُ فى المدينة بالجهاد، ولم يؤمر بهذا فى مكة.

وبلغت عدة غزواته ﷺ سبعًا وعشرين غزوةً؛ كما قال:(سبعًا وعشرين غزا بالنصرة)؛أى غزا مؤيدًا بالنصرة من الله D، ففى حديث جابر فى "الصحيحين" أنه ﷺ قال: " نصرت بالرعب"، فكان ﷺ منصورًا على عدوه بالرعب الذى يجعله الله فى قلوبهم.

ثم ذكر مسألةً أخرى، فقال: (وموته فى حادى عشر الهجرة)، فكانت وفاته ﷺ فى السنة الحادية عشرة من الهجرة فى يوم الإثنين الثانى عشر من ربيع الأول.

فاتفق مولده وموته ﷺ فى يوم واحد؛ اسمًا وشهرًا، وتاريخًا، فكان فى كليهما: الثانى عشر من ربيع الأول فى يوم الإثنين منه.

أزواجــه بعــد خــديج عشــره   سودة ثــم عــائش المطهره

ذكر المصنف- وفقه الله- مسألةً أخرى من مهمات السيرة، وهى: معرفة أزواجه ﷺ من النساء اللواتى اتخذهن أزواجًا دون المملوكات اللواتى وَطِئَهُنَّ بمُلك اليمين.

فذكر أزواجه فى قوله: (أزواجه بعد خديج عشره)، فخديجةُ ل- وهى بنت خويلد- هى المقدمة من نسائه.

وأختصت خديجة ل عن بقية نسائه بخصائص:

أولها: أنها أول أزواجه.

وثانيها: أنه لم يجمع معها أخرى، فلم يتزوج عليها النبي ﷺ فى حياتها.

وثالثها: أنها أم أكثر ولده، فأكثر ولد النبي ﷺ كان من خديجة.

ورابعها: أنها أول من آمن به من النساء.

وخامسها: أنها أعظم نسائه فى القيام بنصرته بالنفس والمال.

وسادسها: أنها اختصت بإلقاء الله D عليه السلام، فأقرأها جبريل سلامَ الله D.

وسابعها: أنها أم أكبر أولاده ﷺ - وبه يُكْنَى-، فهى أم القاسم.

وثامنها: أنها بشرت ببيت فى الجنة لا صخب فيه ولا نصب.

وذكرها هنا باسم (خديج)، وأصل اسمها: خديجة، ومثله قوله بعد: (ثم عائش)، أصلها: عائشة، وهذا يسمى (ترخيمًا)؛ وهو حذف آخر المنادى، قال ابن مالك في "ألفيته":

تـرخيم احـذف آخـر المنـادى كـ   (يـا سـعا) فيمن دعـا سعـادا

وأصل بابه: المنادى، ثم توسع في استعماله في غيره، ولا سيما في النظم العلمي.

ثم ذكر زوجًا ثانيةً من أزواج النبي ﷺ، وهي (سودة) بنت زمعة ل.

ثم ذكر زوجًا ثالثةً من أزواجه، وهي عائشة بنت أبي بكر ل، ووصفها بقوله: (بالمطهرة)؛ لبراءتها وطهارتها مما رُميت به في عرضها ل.

ثم ذكر الرابعة، فقال: (فحفصةٌ)؛ وهي حفصةُ بنت عمر بن الخطاب.

ثم ذكر الخامسة، وهي (زينب)؛ والمراد بها: زينب بنت خزيمة، لأنه قيَّد الأخرى كما سيأتي.

ثم ذكر السادسة، وهي (أم سلمة)؛ واسمها: هند بنت أبي أمية.

ثم ذكر السابعة، فقال: (وبنت جحش زينب المكرمة)؛ وهي زينب بنت جحش.

ووصفها بـ(التكريم)؛ لاختصاصها بأن الله D زوجها إياه من فوق سبع سموات كما ثبت في "الصحيح".

ثم ذكر الثامنة، فقال: (ثم ابنة الحارث ذى جويرية)؛ وهى جويرية بنت الحارث، وهى من بنى المصطلق.

ثم ذكر التاسعة، فقال:(أم حبيبة ورملة هيه)؛أى امرأةٌ اسمها: رملةٌ، وكنيتها: أم حبيبة، وهى رملة بنت أبى سفيان ﭐ وعن أبيها.

وقوله: (هيه)؛ الهاء الأخيرة للسكت.

ثم ذكر العاشرة، فقال: (صفية)؛ وهى صفيةُ بنت حيى بن أخطب، من نسل بنى إسرائيل من ذرية نبى الله هارون-عليه وعلى نبينا أفضل الصلاة والتسليم.

فهؤلاء إحدى عشرةَ من أزواج النبي ﷺ.

وما عداهن- مثل ريحانةَ بنت زيد، وماريةَ القبطية- فهن ممن وطئهن النبي ﷺ بمُلْك اليمين، ولم يكنَّ من أزواجه ﷺ.

وتوفى النبى ﷺ عن تسع نسوة، هنَّ المذكورات سوى امرأتين:

إحداهن: خديجة بنت خويلد.

والأخرى: زينب بنت خزيمةَ.

فهاتان المرأتان ماتتا فى حياته ﷺ ؛ ماتت خديجةُ بمكة، وماتت زينب فى المدينة.

ثم قال:(والجامعة)- أى الصفة الجامعة بينهن- (من نسل إسماعيلَ إلا التاسعة)؛ أى جميع هؤلاء النسوة هن عربيات من ذرية إسماعيل بن إبراهيم الخليل، إلا واحدة منهن، هى صفيةُ وأرضاها.

وقوله: (التاسعه)،يعنى فى العد بعد خديجة؛ كما قال:(أزواجه بعد خديج عشره)؛ أى بعد الزواج التى كانت بمكة عشرٌ، فهى تاسعةٌ من العشر.

أولاده القاسم عبد الله الطاهر الطيب زاكى الجاه

ختم المصنف- وفقه الله- بذكر مسألة أخرى من مهمات السيرة، وهى بيان أولاده ﷺ؛ فعد أولاده فى بيتين، وهم ثلاثة ذكور، وأربع إناث.

فأما الذكور فهم: القاسم، وعبد الله، وإبراهيم.

وأما الإناث فهن: زينب، ورقية، وفاطمة، وأم كلثوم.

وقال فى عدهم: (أولاده القاسم)، فأكبرهم: القاسم بن محمد ﷺ، وبه كان يكنى النبي ﷺ.

ومنهم: عبد الله، ويلقب بـ(الطاهر) و(الطيب)،و(المطهر)وب(المطيب)،ولذا قال: (زاكى الجاه)؛أى رفيع القدر بما له من زكاة الذكر؛ لمنزلته من النبي ﷺ.

وذهب بعض نقلة السيرة إلى أن (الطاهر) و(الطيب) اسمان لولدين آخرين من ولده ﷺ، والذى عليه جمهور أهل العلم أن (الطاهر) و(الطيب) لقبان

لابنه عبد الله، واختاره جماعةٌ من المحققين؛ منهم ابن القيم، وصاحبه أبو الفداء بن كثير، وصاحبه الذهبي رحمهم الله.

ثم ذكر في نسق واحد بناته الأربع، فقال:

وزينـــــب رقيــــة وفاطمـــــه   وأم كلثـــــوم ....

فهؤلاء بناته الأربع.

واتفق أهل العلم على أن زينب هي أكبر بناته.

واختلفوا في صُغراهنَّ على قولين:

أحدهما: أنها فاطمةُ.

والآخر: أنها أم كلثوم.

والصحيح منهما: أن أصغرهن هي فاطمةُ ل.

ثم ذكر ابنًا آخر من أبناء النبي ﷺ هو (إبراهيم)، وجاء به في النظم بهمزة وصل ؛ لأجل النظم.

ووصفه بقوله: (الخاتمه)؛أى آخر أبناء النبي ﷺ مولدًا، وكان من مارية القبطية؛ فجميع أولاد النبي ﷺ من خديجة، سوى إبراهيم فإنه من مارية القبطية.

وجميع أولاد النبي ﷺ اخترمتهم المنيةُ في حياته، سوى فاطمةَ ل.

واختصت فاطمة من بين أولاد النبي ﷺ بخصائص:

أولاها: أنها سيدة نساء أهل الجنة، ومن سيدات نساء العالمين في الدنيا.

ثانيها: أنها ماتت بعد النبي ﷺ، بخلاف جميع ولده.

ثالثها: أنه لم يبق من نسبه الشريف ﷺ أحدٌ ينسب إليه إلا من جهة فاطمةَ J، فإن فاطمة J أعقبت من الولد اثنين اتفاقًا، واختلف في الثالث؛ فالاثنان هما: الحسن والحسين، واختلف في مُحْسن؛ والصحيح أنَّه ليس من أولادها أحدٌ اسمه محسن، بل لم يكن لها من الولد من الأبناء الذكور سوى الحسن والحسين L، كانا ولداها من زوجها على بن أبى طالب I.

قال الناظم (حفظه الله) وبهذا نكون قد فرغنا -بحمد الله- من بيان معاني هذه الأرجوزة بما يناسب المقام، وهي في عشرين بيتًا، مقسومةٌ بين حوادث السيرة المكية والمدنية؛ فللمكية منها عشرٌ؛ وقع هذا اتفاقًا دون تعمد من الناظم، فهيأ الله أن تكون الحوادث المكية في عشر أبيات، والحوادث المدنية في عشر أبيات، وهي مما يحسن تلقينه الأولاد خاصة؛ تعريفًا لهم بسيرة النبي ﷺ، وبها يفتتح أخذ علم السيرة؛ لأن علم السيرة يفتقد إلى متون وجيزة تحبب الخلق فيه وترغبهم في أخذه فهو صالح لهذا.

انتهى المصنف من شرحه على منظومته في مجلس واحد وفقه الله لكل خير ونفع به البلاد والعباد.

الخاتمة

انتهى الجزء الأول من الرضاب المعسول في سيرة الرسول صلى الله عليه وسلم يليه الجزء الثانى بمشيئة الله تعالى، غفر الله لكاتبه وقارئه وناشره في الدنيا والآخرة آمين؛

❋ ❋ ❋

الفهرس

❋ ❋ ❋